Helmut Kammerer

# 100 geniale Praxistipps für Hotellerie und Gastronomie

## Erfolg auf einen Blick: kurz – klar – präzise

- ✓ Kaufmännisches
- ✓ Mitarbeiter
- ✓ Marketing
- ✓ Verkauf
- ✓ Strategie

Matthaes Verlag GmbH

ISBN 978-3-87515-036-0



Lektorat: Iris Kammerer, Marburg

Umschlaggestaltung: Atelier Krohmer, Dettingen/Erms

# Information

## in zeitgemäßer Form

Wer auch immer in der heutigen Zeit Informationen an den Mann oder an die Frau bringen will, hat mit dem gleichen Problemen und Fragen zu kämpfen: Wie präsentiere ich Informationen zeitgemäß? Wie gehe ich mit der Tatsache um, dass die Menschen immer weniger Zeit haben? Wie berücksichtige ich, dass wir es nicht mehr gewohnt sind, uns lange auf eine Sache zu konzentrieren?

### Informationsvermittlung muss heute schnell sein!

Die Grundidee, ein schnelles Buch zu machen, das Infos kurz und prägnant auf einen Blick liefert, entstand bei einem Treffen mit meiner Lektorin Bruni Thiemeyer. Seither standen die eingangs dargelegten Fragen stets im Mittelpunkt meiner Überlegungen, während ich dieses Buch entwickelte und schrieb.

Anders als bei *Optimierung und Existenzsicherung im Gastgewerbe* und *Partyservice und Catering,* die beide mehr den Charakter eines Lehrbuches haben, möchte ich hiermit ein Buch vorlegen, das Wissenswertes knapp und pointiert präsentiert.

### Ein Buch für zwischendurch – mit großem Nutzen!

Natürlich können Sie auch dieses Buch von vorne bis hinten Seite für Seite durchlesen. Sie können es aber genauso gut irgendwo aufschlagen, denn jeder der 100 Tipps ist für sich abgeschlossen und nie länger als zwei Seiten.

Vielleicht überfliegen Sie aber auch das Inhaltsverzeichnis und lesen schnell ein Thema nach, das Sie interessiert. Um das Ganze übersichtlicher zu halten, ist das Buch in 5 Themenkreise unterteilt: Kaufmännisches, Mitarbeiter, Marketing, Verkauf und Strategie.

Mein Anliegen ist es, Ihnen ein Buch zu übergeben, für das Sie sich zum Lesen nicht extra Zeit nehmen müssen. Ein oder zwei Seiten kann man jederzeit zwischenrein packen, sei es in der Kaffeepause, auf der Toilette oder in einer unerwarteten ruhigen Minute. Es reicht, wenn das Buch in Griffweite ist.

Selbstverständlich wird nicht alles neu sein für Sie, was ich hier dargelegt habe. Das ist kaum verwunderlich – schließlich sind Sie ja selber Fachmann auf Ihrem Gebiet. Aber wenn Sie auch nur einen einzigen Tipp finden, den Sie nach dem Lesen in die Tat umsetzen, wird der daraus resultierende Nutzen weit höher sein als der Preis dieses Buches.

In diesem Sinne wünsche ich viel Spaß bei der Lektüre

Ihr
Helmut Kammerer

# INHALT

## Kaufmännisches



## Mitarbeiter

## Marketing



## Verkauf

## Strategie

# ✓ Kaufmännisches

Tipps, Tricks
&
Anregungen

1

AUFWAND:
HÖHERE KOSTEN BEI DER BUCHHALTUNG

NUTZEN:
ABSOLUT UNVERZICHTBAR ZUR UNTERNEHMENSSTEUERUNG

UMSETZBARKEIT:
PROBLEMLOS ZUM JAHRESWECHSEL

# Soll-Buchhaltung wählen

Wie viel kosten Sie die monatlichen Betriebswirtschaftlichen Auswertungen (BWA), die Sie regelmäßig von Ihrem Steuerberater kriegen? Entspricht der Nutzen, den Sie aus diesen Informationen erhalten, diesen Kosten? Anders gefragt: Bietet Ihnen Ihre BWA überhaupt wertvolle Informationen?

Aufgrund meiner Erfahrung als Berater weiß ich, dass das oft nicht der Fall ist, denn:

Die meisten Gastronomen führen eine Ist-Buchhaltung.

Die Ist-Buchhaltung bildet ausschließlich Geldflüsse ab, also alles, was über Ihre Kasse läuft, und alles, was sich auf dem Bankkonto tut. Bei dieser Art der Buchführung fehlen jedoch ganz entscheidende Daten, nämlich alle unbezahlten Rechnungen – gleich, ob von Ihnen oder von Ihren Kunden.

Natürlich fließen nur die Daten in die BWA ein, die in der Buchhaltung erfasst werden. Bei der Ist-Buchhaltung fehlen also alle unbezahlten Rechnungen, mithin alle offenen Posten. Die resultierenden Auswertungen bilden also nicht den realen Geschäftsgang des jeweiligen Monats ab, sondern lediglich den Geldfluss.

Besonders drastisch wirkt sich das aus, wenn Sie knapp bei Kasse sind. Sind Sie nämlich nicht in der Lage, die anstehenden Rechnungen zu bezahlen, werden auch keine Kosten gebucht. So kann es sein, dass Sie kurz vor der Pleite stehen, Ihre BWA aber einen tollen Gewinn ausweist. Verkehrte Welt!

Die BWA aus Ist-Buchhaltung ist oft nicht das Papier wert, auf dem sie gedruckt wird.

Aus diesem Grund muss eindeutig der Soll-Buchhaltung das Wort geredet werden. Sie nimmt nämlich auch die offenen Rechnungen auf und weist sie als Offene Posten aus. Eine BWA aus Soll-Buchhaltung zeigt genau auf, welches wirtschaftliche Ergebnis der jeweilige Monat erbracht hat. Sie enthält eine Aufstellung der Offenen Posten, die darlegt, welcher Kunde zurzeit wie viel zu bezahlen hat, bzw. welche Lieferantenrechnungen Sie zurzeit zu bezahlen haben.

Mit einer BWA aus Soll-Buchhaltung können Sie wirklich etwas anfangen!

Ein weiteres Argument spricht – insbesondere in der Gastronomie – für die Sollbuchhaltung: Gerade wenn Sie, wie oben angesprochen, finanzielle Probleme haben, erlaubt Ihnen die Sollbuchhaltung den Vorsteuerabzug auch bei den noch nicht bezahlten Rechnungen! Im Falle eines Liquiditätsengpasses kann das sehr wichtig sein. Natürlich müssen Sie im Gegenzug auch die Umsatzsteuer abführen, wenn Gäste ihre Rechnungen bei Ihnen noch offenstehen haben. Im normalen À-la-carte-Geschäft aber ist das die Ausnahme und betrifft höchstens die Kreditkartenumsätze.

Rechnen Sie jedoch nicht damit, dass Ihr Steuerberater jubelt, wenn Sie ihn bitten, auf Soll-Buchhaltung umzustellen. Er wird Sie auf den Mehraufwand hinweisen und darauf, dass dieser Mehraufwand für Sie mit höheren Kosten verbunden ist.

Aber halten Sie sich bitte eins vor Augen: Ihre BWA aus Ist-Buchhaltung ist mehr oder weniger wertlos, während diejenige aus der Soll-Buchhaltung wertvolle Informationen liefert.

Eine aussagekräftige BWA ist für die Steuerung Ihres Unternehmens unerlässlich!

Aus diesem Grund sind die Mehrkosten kein schlagendes Argument, weil die BWA erst durch den Mehraufwand überhaupt ihren Zweck erfüllt.

2

Aufwand:
erhöhter Aufwand in der Buchhaltung

Nutzen:
Schwachstellen werden schneller erkannt

Umsetzbarkeit:
sofort in Abstimmung mit dem Steuerberater

# Umsatz und Wareneinsatz richtig zuordnen

Wer sein gastronomisches Unternehmen erfolgreich steuern möchte, muss die wichtigsten betriebswirtschaftlichen Kennzahlen stets im Auge behalten. Die Wareneinsatzquote ist einer dieser Schlüsselgröße.

So weist auch jede vernünftige Betriebswirtschaftliche Auswertung einen entsprechenden Prozentwert aus. Vielen ist bekannt, dass diejenigen, die bei einem durchschnittlichen deutschen Küchenangebot dabei unter der 30%-Marke liegen, zu den Guten gehören. Und so freuen sich einige jedes Mal beim Anblick der Wareneinsatzquote, die die BWA ausweist – aber leider zu Unrecht!

## Ohne klare Zuordnung werden Äpfel mit Birnen verglichen!

Es kommt immer wieder vor, dass alle Umsätze in einem Konto verbucht werden, dem der Wareneinsatz entgegengestellt wird. Solange Sie Ihre Erlöse ausschließlich aus Speisen und Getränken erzielen, ist alles in Ordnung. Sobald aber auch andere Erlöse dazukommen, insbesondere solche aus Übernachtungen, führt ein solches Vorgehen zu völlig verzerrten Ergebnissen.

Wenn Sie beispielsweise 100.000 Euro Gesamtumsätze haben, denen 28.000 Euro Wareneinsatz entgegenstehen, so könnte es sein, dass Ihre BWA eine Wareneinsatzquote von 28% ausweist, womit Sie sehr zufrieden sein könnten, wenn der Umsatz ausschließlich im Restaurant gemacht wird.

Wenn wir jedoch annehmen, dass 30.000 Euro des Gesamtumsatzes aus Übernachtungen stammen und nur 70.000 Euro aus dem Restaurant, verhält sich die Sache ganz anders. Dann ist nämlich der Wareneinsatz allein ins Verhältnis zum Restaurantumsatz zu setzen. Die Quote beträgt plötzlich 40 % – wahrlich kein Grund zum Jubeln.

Der Wareneinsatz darf nur gegen den Speisen- und Getränkeumsatz gesetzt werden!

Innerhalb des Speisen- und Getränkebereichs können dann weitere Gliederungen vorgenommen werden. So können Getränke und Speisen jeweils getrennt betrachtet werden. Doch das macht natürlich nur Sinn, wenn sowohl im Umsatz als auch beim Wareneinsatz diese Trennung vorgenommen wird. Das heißt: Sobald Speisen- und Getränkeumsätze getrennt erfasst werden, muss auch der entsprechende Wareneinkauf getrennt verbucht werden.

Ein solches Vorgehen, also die Differenzierung in Speisen und Getränke, macht durchaus Sinn. Schließlich werden Speisen häufig mit höherer Wareneinsatzquote kalkuliert als Getränke.

Produkte, die mit unterschiedlichen Quoten kalkuliert werden, sind getrennt zu erfassen!

Diese Differenzierung muss natürlich auch bei der Inventur berücksichtigt werden. Für jede Warengruppe, die bei Erlösen und Wareneinsatz getrennt aufgeführt wird, muss auch ein Lagerbestand geführt werden.

Aus nachvollziehbarem Grund kann es auch vorteilhaft sein, bei den Getränken Spirituosen und Wein extra auszuweisen, weil diese Produktgruppe meist knapper kalkuliert werden muss als Bier oder Softdrinks.

Eine besondere Beachtung finden dabei Frühstücksumsätze. Ihnen ist deshalb eigens der Tipp *Frühstücksumsatz richtig berechnen* gewidmet.

Richtige Zuordnung von Umsatz und Wareneinsatz erhöht die Transparenz Ihres Unternehmens.

Sie sind somit besser in der Lage, Schwachstellen Ihres Unternehmens auszumachen. Nur wer seine Schwächen kennt, kann an ihnen arbeiten.

# Erlöse richtig aufschlüsseln

Aufwand:
einmalig maximal ein paar Stunden

Nutzen:
unerlässlich, wenn BWA Aussagekraft haben soll

Umsetzbarkeit:
kurzfristig; spätestens zum Beginn des neuen Wirtschaftsjahres

Betriebswirtschaftliche Auswertungen können immer nur so gut sein, wie die Daten, aus denen sie gewonnen werden. So stelle ich immer wieder mit Staunen fest, dass es viele Betriebe gibt, die alle Einnahmen auf ein einziges Erlöskonto buchen, obwohl die Umsätze meist in mehreren unterschiedlichen Betätigungsfeldern entstehen. Auf diese Weise lässt sich später nicht beurteilen, welche Ihrer Bemühungen welche Erfolge zeitigen.

Ohne Erlösaufschlüsselung können Sie Ihr Unternehmen nicht steuern!

Unternehmenssteuerung gelingt nur dann, wenn Sie Ihre Erlöse richtig aufschlüsseln und getrennt voneinander erfassen. Besonders bedeutsam wird das, wenn Sie sowohl Erlöse aus Speisen und Getränken als auch aus Übernachtungen haben. Bei Erlösen aus Übernachtungen muss unbedingt unterschieden werden zwischen den eigentlichen Übernachtungsumsätzen und den Frühstücksumsätzen. Wie dabei vorzugehen ist, finden Sie im Tipp *Frühstücksumsatz richtig berechnen.*

Doch nicht nur Übernachtungsumsätze müssen gesondert gebucht werden. Auch Ihre Erlöse aus Events, aus Catering oder sonstigen, für Sie wichtigen Geschäftsfeldern sollten Eingang finden in jeweils eigene Erlöskonten. Möglicherweise ist es dazu erforderlich, die Programmierung Ihrer Kasse den Anforderungen anzupassen und entsprechende Positionen für die Buchhaltung einzurichten.

Beispielsweise sollten Sie im Hotelbereich auch Erlöse aus Seminaren oder Erlöse aus Busreisegruppen eigens ausweisen, um später nachlesen zu können, welchen Anteil sie am Gesamtumsatz haben und wie sich die einzelnen Geschäftsbereiche entwickeln. Das Wissen darum, wie sich Betätigungsfelder im Einzelnen entwickeln, ist für die Unternehmenssteuerung von unverzichtbarem Wert.

Erlösaufschlüsselung ist die Grundlage für richtungsweisende unternehmerische Entscheidungen

Nur wenn Sie die einzelnen Entwicklungen in Ihrem Unternehmen exakt kennen, können Sie negativen Strömungen entgegenwirken und positive Verläufe unterstützen. Um in dieser wirtschaftlich schweren Branche zu bestehen und Ihr Unternehmen mit Erfolg zu führen, können Sie auf diese Instrumente nicht verzichten.

# Aufschlag – Spanne – Rohertrag

Wo immer man etwas über Kalkulation hört oder liest, fallen Begriffe wie Aufschlagskalkulation, Spanne, Wareneinsatzquote, Rohertrag und Rohertragsquote. Vielleicht ist der eine oder andere Leser ganz froh, wenn ich an dieser Stelle ein bisschen Licht in dieses Begriffswirrwarr bringe, zumal der eine oder andere Begriff ja auch in verschiedenen Tipps verwendet wird.

### Keine Angst vor Fachbegriffen!

Zunächst möchte ich den Unterschied zwischen einer Aufschlagskalkulation und einer an der Wareneinsatzquote orientierten Kalkulation aufzeigen. Die Sache ist ganz einfach.

Bei der Aufschlagskalkulation ist meine Basis der Wareneinsatz. Diesen ermittelten Wareneinsatz multipliziere ich nun mit einem bestimmten Aufschlagsfaktor, zum Beispiel dem Faktor 3. Das heißt, das Endprodukt kostet genau dreimal soviel wie die eingesetzten Waren. Die Betrachtung geht also praktisch von unten nach oben.

Bei der Kalkulation mit Wareneinsatzquote geht der Blick von oben nach unten. Das heißt, ich lege fest, wie viel Prozent des Endpreises ich für den Wareneinsatz aufwende. Dieser Prozentsatz heißt Wareneinsatzquote. Eine Wareneinsatzquote von 33,3 % entspricht dem Aufschlagfaktor von 3.

### Kalkulation ist eine Frage der Blickrichtung!

So lassen sich die beiden Methoden auch leicht wechselseitig umrechnen.

Wareneinsatzquote in Prozent = 100 / Aufschlagfaktor

oder

Aufschlagfaktor = 100 / Wareneinsatzquote in Prozent

Die Rohertragsquote wiederum errechnet sich aus der Wareneinsatzquote wie folgt:

100 – Wareneinsatzquote = Rohertragsquote.

Bei einer Wareneinsatzquote von 33,3 % sind das also 66,7 %. Spanne ist nur ein anderer Ausdruck für Rohertragsquote.

Der Rohertrag selbst ist die Differenz zwischen Verkaufspreis und Wareneinsatz (als Betrag!) in Euro.

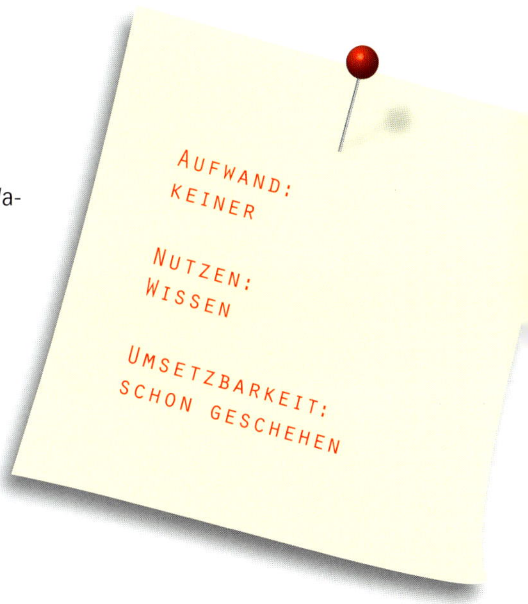

# 5

AUFWAND:
ERHEBLICH; MÖGLICHERWEISE MEHRERE TAGE ARBEIT

NUTZEN:
ABSOLUT NOTWENDIG; ERFOLGSKONTROLLE ANSONSTEN UNMÖGLICH

UMSETZBARKEIT:
JEDERZEIT, AM BESTEN SOFORT ANFANGEN

## Alle Preise kalkulieren

Kennen Sie die sogenannte Taschenlampenkalkulation? Nachts rausgehen und mit der Taschenlampe die Speisekartenaushänge der Mitbewerber lesen, um sich preislich orientieren zu können?

Natürlich sind Konkurrenzbeobachtung und Marktanalyse wichtig, damit das eigene Preisniveau sich nicht im Niemandsland befindet. Schließlich sind die Preise Ihrer Mitbewerber eine Realität, mit der Sie sich auseinandersetzen müssen. Entscheidend ist jedoch, dass Sie Ihre Speisen und Getränke zunächst auf der Basis Ihrer Kosten kalkulieren.

Denn die Marktorientierung zeigt auf, welcher Preis möglich ist, die kostenorientierte Kalkulation hingegen ermittelt den Preis, den Sie mindestens verlangen müssen, um geschäftlich zu überleben. Wenn Sie Ihre Preise nur an denen der Kollegen festmachen, drohen viele Gefahren.

Denn wenn Sie Ihre Preise nicht gewissenhaft kalkulieren, kennen Sie Ihre Spanne gar nicht. So freuen Sie sich möglicherweise über ein gut gehendes Gericht und bemerken nicht, dass Sie damit nichts verdienen, im schlimmsten Falle sogar Verlust machen!

Umsätze mit miesen Spannen führen in den Untergang!

Bei einer kostenorientierten Kalkulation werden im Prinzip drei verschiedene Verfahren angewandt:

- Kalkulation, die ausschließlich auf dem Wareneinsatz basiert
- Kalkulation, die zusätzlich die Arbeitszeit mit einbezieht
- Deckungsbeitragsrechnung

Rein theoretisch müsste die Deckungsbeitragsrechnung als optimale Form der Kalkulation angesehen werden. Bei ihr geht es darum, bei jedem Gericht zu ermitteln, wie hoch der zu erzielende Überschuss ist. Danach richtet sich der Preis der Ware.

Deckungsbeitragsrechnung ist optimal, aber kompliziert!

In der Praxis fahren allerdings mehr als 90 % der Gastronomen am besten mit der ersten Methode, der Kalkulation, die ausschließlich auf dem Wareneinsatz basiert. Das liegt daran, dass Gastronomen in aller Regel keine ausgebufften Kostenrechner sind. Von daher ist ein nicht ganz so perfektes, dafür aber leicht anzuwendendes Verfahren besser.

Ehe Sie jedoch beginnen können, Ihre Speisen und Getränke zu kalkulieren, müssen unverzichtbare Vorarbeiten geleistet werden - ganz gleich welches Kalkulationsverfahren Sie wählen!

Kalkulation verlangt exakte Rezepturen!

Das bedeutet, Sie müssen genau festlegen, welche Zutaten in welchen Mengen Sie für jedes einzelne Gericht benötigen. Außerdem müssen Sie sicherstellen, dass diese Vorgaben auch von allen Köchen streng eingehalten werden. Ein nachlässiger Umgang mit festgelegten Rezepturen kommt Sie teuer zu stehen.

Wenn die Rezeptur steht, muss in einer Aufstellung die Summe der Kosten aller für das jeweilige Gericht verwendeten Waren ermittelt werden. Ihre Lieferantenrechnungen und Ihre Inventurliste werden Ihnen dabei wertvolle Hilfe leisten.

Wer die an zweiter Stelle angegebene Methode, in der auch die Arbeitszeit Eingang findet, anwenden möchte, muss zudem feststellen, wie viel Zeit für die Zubereitung des Gerichtes aufgewendet wird. Diese Arbeitszeit wird auf die unterschiedlichen Mitarbeiter aufgeschlüsselt, da die Arbeitszeit des Küchenchefs natürlich teurer ist als die eines Auszubildenden.

6

Aufwand:
Intensive Arbeit bei Ermittlung des Wareneinsatzes, danach Rechenarbeit in überschaubarem Umfang

Nutzen:
Kalkulation ist unverzichtbar

Umsetzbarkeit:
Jederzeit, am besten sofort anfangen

# Kalkulation am Wareneinsatz

Hier wollen wir uns mit der am häufigsten verwendete Kalkulationsmethode beschäftigen – und einem Neueinsteiger ins Thema „Kalkulation“ würde ich keine andere empfehlen.

Bei jeder Art der Kalkulation müssen Sie ermitteln, wie hoch Ihr Wareneinsatz bei jedem einzelnen Gericht ist.

Danach müssen Sie die Wareneinsatzquote festlegen, mit welcher Sie Ihre Preise kalkulieren wollen. Hier können keine allgemein gültigen Werte angegeben werden, da diese Quote stark davon abhängt, was für einen gastronomischen Betrieb Sie führen und welche Art von Speisen Sie anbieten.

Grundsätzlich lässt sich sagen, dass die Quote umso höher liegt, je hochwertiger die eingesetzten Waren sind. Allerdings gilt:

Nach Möglichkeit sollten alle Speisen mit der gleichen Quote kalkuliert werden.

Dieser Grundsatz gilt deshalb, weil Sie nur so über die Wareneinsatzquote in Ihrer BWA kontrollieren können, ob die betriebliche Realität mit Ihrer theoretischen Planung übereinstimmt. Wenn Sie Ihre Speisen beispielsweise mit einer Wareneinsatzquote von 30 % kalkulieren, Ihre BWA aber eine Quote von 40 % ausweist, wissen Sie, dass etwas gründlich schief läuft.

Die Ermittlung des kalkulierten Preises erfolgt über eine einfache Rechenformel. Mit Hilfe eines Taschenrechners kommen Sie leicht zu den richtigen Ergebnissen.

Kalkulierter Preis = Wareneinsatz x 100 / Wareneinsatzquote

Mittels eines Rechenbeispiels sei diese Formel kurz erläutert:

Wir nehmen an, Sie kalkulieren mit einer Wareneinsatzquote von 30 % und die Summe der für das Gericht einzusetzenden Waren beläuft sich auf 3,45 €.

In aller Regel entnehmen Sie die Einstandspreise den Lieferantenrechnungen, es handelt sich also um Nettobeträge ohne Mehrwertsteuer.

Die Rechnung lautet daher zunächst:

Kalkulierter Preis = 3,45 x 100 / 30

Das Ergebnis ist: 11,50 €.

### Mehrwertsteuer nicht vergessen!

Ihr Preis in der Speisekarte muss jedoch die gesetzliche Mehrwertsteuer enthalten. Deshalb dürfen Sie nicht vergessen, die Mehrwertsteuer dazuzurechnen. Sie machen dies, indem Sie den errechneten Betrag am Ende um den aktuellen Mehrwertsteuersatz erweitern.

Der übliche Mehrwehrsteuersatz liegt derzeit bei 19 %. Das bedeutet, Sie müssen den kalkulierten Nettopreis (ohne MWSt) mit dem Faktor 1,19 multiplizieren, um den Bruttopreis (inkl. MWSt) zu ermitteln.

Im Falle von Außer-Haus-Verkäufen kommt der verringerte Mehrwertsteuersatz von derzeit 7 % zum Tragen. In diesem Fall müssen Sie den kalkulierten Nettopreis (ohne MWSt) mit dem Faktor 1,07 multiplizieren, um den Bruttopreis (inkl. MWSt) zu ermitteln.

Sollten die Mehrwertsteuersätze vom Gesetzgeber verändert werden, ändert sich auch die Rechenformel entsprechend.

Somit ergibt sich ein errechneter Preis in Höhe von 13,69 € bzw. 12,31 €.

Selbstverständlich ist zu überprüfen, ob dieser Preis am Markt durchsetzbar ist. Erst dann wird ein für die Speisekarte tauglicher Preis festgelegt, denn Sie werden sicherlich nicht 13,69 € bzw. 12, 31 € als Preis angeben, sondern eher 13,90 € bzw. 12,90 €.

✓ Hinweis: Ein kleines Kalkulationsprogramm erhalten Sie kostenlos unter www.kammerer-services.de

Aufwand:
groß, wenn notwendig

Nutzen:
sehr wichtig bei sehr großen Betrieben oder sehr großen Mengen

Umsetzbarkeit:
jederzeit, wenn Bedarf besteht

# Wareneinsatzkalkulation

**plus Arbeitskosten** In meinen Kalkulations-Workshops konzentriere ich mich meist auf die am Wareneinsatz orientierte Kalkulation, da sie die mit Abstand gebräuchlichste ist. Nicht selten werde ich jedoch gefragt, ob man denn nicht auch die Arbeitszeit berücksichtigen müsste.
Rein theoretisch betrachtet ist dies natürlich sinnvoll, aber in der Praxis sind es eher Ausnahmefälle, in denen Arbeitszeiten tatsächlich bei der Preisfindung mit eingerechnet werden müssen.

Arbeitszeiten wirken sich nur bei großen Mengen oder großen Betrieben aus!

Wenn Sie keinen sehr großen Betrieb haben oder keine sehr hohen Stückzahlen in der Produktion einzelner Gerichte, spielt die zu verwendende Arbeitszeit in der Kalkulation keine Rolle. Sie muss erst dann berücksichtigt werden, wenn die Produktionsmengen Einfluss auf die Personalstärke bzw. auf die Arbeitsstunden haben, die insgesamt zu leisten sind.

Angenommen Sie haben für einen Catering-Auftrag zweitausend Essen zu kalkulieren, dann ist es freilich nicht egal, ob Sie ein Gericht auswählen, das in der Zubereitung sehr zeitintensiv ist oder nicht. Wenn jede Speise nur eine einzige Minute mehr Zeitaufwand gegenüber einem einfachen Gericht benötigt, addiert sich das immerhin zu gut 33 Arbeitsstunden! Das verursacht spürbare Personalkosten und deshalb muss dieser Mehraufwand sich auch in der Kalkulation niederschlagen.

Allerdings verteilt sich der Zusatzaufwand auch auf die hohe Anzahl von Gerichten. Wenn Sie die Arbeitsstunde mit 25 € ansetzen, dann kostet Sie der Mehraufwand insgesamt 833€. Pro Gericht sind dies ca. 42 Cent, die Sie in der Kalkulation dem Endpreis zuschlagen müssen.

Ähnliches gilt auch, wenn Sie einen sehr großen Betrieb führen. Natürlich spielt es dann eine Rolle, ob Sie einfache Gerichte kochen oder aufwändige, ob Sie also beispielsweise in Ihrer Küche z. B. 10 oder 12 Leute beschäftigen müssen.

### Echter Mehraufwand muss berücksichtigt werden!

Wenn eine der beiden oben bezeichneten Voraussetzungen zutrifft, kommen Sie wirklich nicht umhin, mit der Stoppuhr in der Hand die verschiedenen Küchentätigkeiten zu beobachten und die Zeiten festzuhalten. Zumindest bei besonders aufwändigen Gerichten müssen Sie dann tatsächlich einen Arbeitskostenaufschlag vornehmen.

### Meistens spielt die Arbeitszeit keine Rolle

In der betrieblichen Praxis der allermeisten gastronomischen Betriebe liegt der Sachverhalt anders: Häufig ist die Küchenmannschaft ohnehin nicht größer als unbedingt nötig. Wenn Sie einen Küchenmeister, einen Gehilfen und eine Spülkraft beschäftigen, spielt der Küchenaufwand im Hinblick auf die Personalkosten keine Rolle.

Der Unterschied liegt höchstens darin, ob Ihr Küchenteam etwas mehr oder weniger zu tun hat - für das gleiche Gehalt.

Und nicht selten haben die Köche durchaus Freude daran, auch mal etwas Besonders zu kochen, selbst wenn damit mehr Mühen verbunden sind als sonst. Also sind auch die Köche nicht die Verlierer dabei.

Rein theoretisch können Sie bei einem kleinen Betrieb mühsam alle Zeiten ermitteln und die rechnerisch daraus resultierenden Kosten den Warenkosten zuschlagen. Allerdings macht das in der Praxis eben nur dann Sinn, wenn Einsparungen an Arbeit auch Einsparungen in den Personalkosten nach sich ziehen, wenn also beispielsweise durch eine Umstellung des Angebots auf weniger qualifiziertes Personal zurückgegriffen werden kann, oder umgekehrt, wenn Ihre Ansprüche steigen.

Aber selbst dann lassen sich schwerlich Bezüge auf die Einzelkalkulation von Gerichten herstellen. In kleineren Betrieben - und die machen nun einmal in der Gastronomie den weit überwiegenden Teil aus - steigen die Personalkosten nicht langsam und linear, sondern in großen Stufen. Bis zu einem gewissen Punkt reicht Ihnen ein Koch in der Küche. Sobald Sie einen zweiten brauchen, steigen Ihre Personalkosten gleich um einen großen Betrag.

8

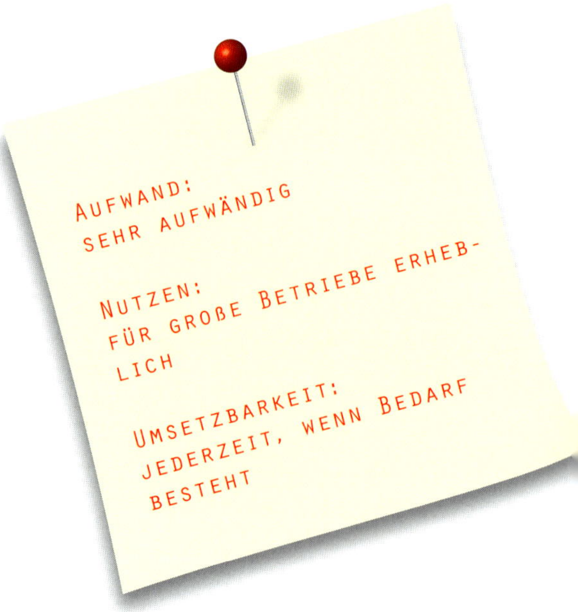


# Deckungsbeitragsrechnung

Wer eine anspruchsvolle Form der Kalkulation sucht, findet in der Deckungsbeitragsrechnung ein hervorragendes Instrument. Allerdings übersteigt es die Möglichkeiten dieses Buches bei Weitem, genau darauf einzugehen. Deshalb erfolgt hier nur ein kurzer Abriss.

Die Basis bildet neuerlich der Wareneinsatz!

Die Deckungsbeitragsrechnung hat zweifelsfrei ihre Stärke und ist dennoch für die meisten Gastronomen eher ungeeignet. Dennoch lassen sich Aspekte davon sehr gut nutzen, um das eigene Produktangebot zu optimieren.

Auch bei der Deckungsbeitragsrechnung wird bei jedem Gericht ermittelt, welcher Wareneinsatz erforderlich ist. Allerdings wird danach nicht mit einer festzulegenden Quote hantiert, sondern es wird festgelegt, welchen Beitrag – ausgedrückt in Euro und Cent – das einzelne Gericht zur Deckung der Gesamtkosten des Unternehmens hinaus beitragen soll.

Stark vereinfacht lässt sich das beispielsweise so darstellen: Wenn Sie pro Jahr 20.000 Essen verkaufen und zusätzlich zum Wareneinkauf 200.000 Euro Betriebskosten zu tragen haben, dann muss rechnerisch jede Speise neben dem Wareneinsatz noch 10 Euro zusätzlich erwirtschaften. Jedes Gericht müsste also mindestens 10 Euro mehr kosten als die zur Herstellung benötigten Waren.

### Mischkalkulation ist verführerisch!

In der Praxis ist das natürlich kaum möglich. Bei der Kalkulation eines einfachen Gerichtes können Sie einen Aufschlag von 10 Euro gegenüber dem Kunden nicht durchsetzen, obwohl bei sehr hochwertigen Speisen ein höherer Aufschlag leicht realisierbar ist.

Die Folge daraus ist eine Mischkalkulation. Es gibt grundsätzlich gute Argumente für eine solche Mischkalkulation, aber es gibt schwerwiegende Bedenken, die ich gegen ein solches Verfahren vorbringen möchte:

Als Berater habe ich immer wieder die Erfahrung gemacht, dass so mancher Gastwirt mit der Schutzbehauptung, eine Mischkalkulation zu betreiben, lediglich Schludrigkeiten in der Kalkulation kaschiert. Mischkalkulation bedeutet keinesfalls, dass man es mit der Kalkulation jedes einzelnen Produktes nicht so genau nehmen müsste - das Gegenteil ist der Fall! Gerade die Deckungsbeitragsrechnung stellt ganz besonders hohe Anforderung an die Gewissenhaftigkeit ihrer Durchführung.

### Deckungsbeiträge helfen bei der Speisekartenoptimierung

Zwar wird die Deckungsbeitragsrechnung bei der Mehrzahl der Gastwirte nicht zum Einsatz kommen, aber es lohnt sich dennoch für alle Gastronomen, die Deckungsbeiträge jedes einzelnen Produktes in der Speisekarte zu ermitteln. Diese Daten sind sehr wertvoll für die regelmäßige Speisenkartenoptimierung, wie im Tipp *Speisekartenoptimierung* aufgezeigt wird.

Die Ermittlung des jeweiligen Deckungsbeitrages ist höchst einfach. Sie brauchen dazu lediglich den Preis des Produktes aus der Speisekarte und den Einkaufswert der eingesetzten Waren.

In Umkehrung der Vorgaben bei der Kalkulation müssen Sie zunächst die Mehrwertsteuer aus dem Endpreis heraus rechnen. Beim jeweils gültigen Umsatzsteuersatz bedeutet das:

Speisekartenpreis / Mehrwertsteuersatz = Nettopreis

Von diesem Nettopreis müssen Sie wiederum den Wareneinsatz abziehen. So erhalten Sie den Deckungsbeitrag, d.h. die Summe, die Ihnen nach dem Verkauf des Produktes zur anteiligen Deckung Ihrer restlichen Gesamtkosten übrig bleibt.

Nettopreis - Wareneinsatz = Deckungsbeitrag

Diesen Wert sollten Sie für jedes Ihrer Gerichte kennen.

9

AUFWAND:
MINDESTENS EINMAL JÄHRLICH EINEN TAG

NUTZEN:
WICHTIGE MAẞNAHME ZUR ERFOLGSOPTIMIERUNG

UMSETZBARKEIT:
JEDERZEIT, AM BESTEN SEHR BALD

# Speisekarten-optimierung

Mindestens einmal im Jahr sollten Sie anhand einer Renner-und-Penner-Liste und einer Auflistung der Deckungsbeiträge aller Gerichte Ihre Speisekarte optimieren.

Deckungsbeiträge mit Renner-und-Penner-Liste abgleichen!

Ziel der Aktion ist es, schlecht laufende und unrentable Produkte von der Karte zu nehmen, um Platz für neue Gerichte zu machen, oder eventuell hoch rentable Produkte in der Karte besser zu positionieren. Auch die Notwendigkeit, Preisanpassungen vorzunehmen wird bei diesem Verfahren deutlich.

Um dabei sicher vorgehen zu können, müssen zuvor alle Kalkulationen auf den neuesten Stand gebracht werden. Das bedeutet, dass Sie bei allen verwendeten Rezepturen anhand der aktuell gültigen Einkaufspreise den jeweiligen Wareneinsatzwert ermitteln. Denn:

Alte und möglicherweise überholte Wareneinsatzwerte können zu fatalen Fehlern führen!

Die Beschreibung des weiteren Vorgehens wird diese Behauptung deutlich machen. Wenn Ihnen alle aktuellen Deckungsbeiträge vorliegen, nehmen Sie aus Ihrer Kasse eine Auflistung zur Hand, die zeigt, welches Produkt wie oft verkauft worden ist. Dann vergleichen Sie das Angebot mit dem erzielten Ergebnis.

Besondere Beachtung finden dabei vier Produktarten:

- ✓ Produkte mit besonders hohem Deckungsbeitrag
- ✓ Produkte mit besonders niedrigem Deckungsbeitrag
- ✓ Produkte mit hohen Absatzzahlen
- ✓ Produkte mit niedrigen Absatzzahlen

Der Idealfall wäre, bei den Produkten mit besonders hohen Deckungsbeiträgen auch hohe Absatzzahlen zu haben. Leider ist dies in der Praxis nur selten der Fall.

Viel häufiger tritt der nicht so erfreuliche Fall auf, dass die hohen Absatzzahlen vor allem bei den Gerichten auftreten, bei denen der Deckungsbeitrag relativ niedrig ist. Das bedeutet, dass Sie hohen Umsatz mit Produkten machen, an denen Sie nur wenig verdienen.

### Vier Wege zur Steigerung des Erfolges

Insgesamt gibt es vier Kombinationsmöglichkeiten, die unterschiedliche Konsequenzen einfordern:

- ✓ Hoher Absatz bei niedrigem Deckungsbeitrag

Überprüfen Sie, ob Sie angesichts der hohen Nachfrage die Möglichkeit haben, den Preis moderat anzuheben. Auf diese Weise steigern Sie den Deckungsbeitrag, und das Produkt wird dadurch ein echter „Winner".

- ✓ Hoher Absatz bei hohem Deckungsbeitrag

Idealfall! Besser geht's nicht! Bieten Sie dieses Produkt mit Nachdruck an!

- ✓ Niedriger Absatz bei hohem Deckungsbeitrag

Wie ist das Produkt in Ihrer Speisekarte präsentiert? Nimmt es die herausragende Position ein, die es aufgrund des hohen Deckungsbeitrages verdient? Oder passt es vielleicht nicht zu Ihrem sonstigen Angebot? Ist es möglich, dass der hohe Preis ein Absatzhemmnis darstellt?

- ✓ Niedriger Absatz bei niedrigem Deckungsbeitrag

Streichen Sie das Gericht von der Karte und machen Sie Platz für eine neue Kreation aus Ihrer Küche!

Die dargestellten Konsequenzen machen klar, warum Sie hier zuverlässiges und aktuelles Datenmaterial brauchen, weil Sie sonst möglicherweise ein Gericht von der Karte nehmen, das gute Gewinne abwirft.

10

Aufwand:
Kalkulationen der Gerichte erneuern, klare Vorgaben für kleine Portionen beim „Gruß aus der Küche"

Nutzen:
spart bares Geld und erhöht Dessertumsatz

Umsetzbarkeit:
sofort

# „Gruß aus der Küche" mitkalkulieren

Der „Gruß aus der Küche", das kleine Häppchen vorweg, ist bei den meisten Gästen sehr beliebt. Zum einen hilft er, den ersten Hunger ein wenig zu dämpfen – und was noch besser ist: Meistens kostet dieser kleine Imbiss nichts!

Natürlich geht es nicht an, diese Minivorspeise am Ende auf die Rechnung zu setzen, da der Gast sie nicht ausdrücklich bestellt hat. Aber Sie als Gastwirt haben nichts zu verschenken. Und dennoch tun das viele. Meist geschieht das deshalb, weil entweder gar nicht erst daran gedacht wird, diese Zusatzleistung in der Kalkulation mit zu berücksichtigen. Außerdem werden die diesbezüglichen Kosten zumeist unterschätzt.

### Der „Gruß aus der Küche" verursacht häufig höhere Kosten als erwartet

Hinzu kommt, dass diese kleine Speise manchmal gar nicht so klein ist. Nicht selten erlebe ich, dass ein Töpfchen mit Schmalz oder Kräuterbutter und ein ganzer Korb mit aufgeschnittenem Baguette serviert werden. Auch wenn das dann möglicherweise für zwei Personen gilt, entstehen doch erhebliche Kosten.

### Gutes Brot ist teuer!

Eine kurze Beispielrechnung verdeutlicht, dass der „Gruß aus der Küche" bei der Speisenkalkulation nicht einfach unter den Tisch fallen darf.

Nehmen wir an, Sie schneiden für zwei Personen ein kleines Baguette auf und reichen Kräuterbutter dazu. Wenn Sie Wert auf Qualität legen, bezahlen Sie für das

Baguette leicht einen Euro. Und eine für die Menge Brot ausreichende Portion Kräuterbutter schlägt auch mit 50 Cent zu Buche. Zusammen sind das 1,50 Euro, also pro Gast 75 Cent.

Das mag Ihnen auf den ersten Blick nicht viel erscheinen, aber Sie leben davon, Ihre Waren mit Gewinn zu verkaufen. Wenn Sie üblicherweise mit einer Wareneinsatzquote von 30 % kalkulieren, so ergeben die 75 Cent Wareneinsatz ein kalkulierten Abgabepreis von immerhin 2,50 Euro! Diesen Betrag müssten Sie also im Grunde jedem Hauptgang aufschlagen, um den Happen vorweg ordnungsgemäß in Ihrer Preiskalkulation zu berücksichtigen!

Der kalkulierte Preis muss auf jeden Hauptgang aufgeschlagen werden!

Es ist offensichtlich, dass es schwer, wenn nicht gar unmöglich sein dürfte, jedes Gericht auf der Speisekarte um 2,50 Euro teurer zu machen. Sie würden damit Ihre ganze Preisstruktur durcheinander bringen.

Andererseits können Sie es sich auch nicht leisten, einfach achselzuckend so weiterzumachen wie bisher. Wenn Sie 10.000 Essen im Jahr verkaufen – und Sie haben dann noch keinen sehr großen Betrieb – verschenken Sie auf diesem Weg Waren, die Sie für 7.500 Euro eingekauft haben und die einem Umsatzwert von 25.000 Euro entsprechen!

Um diesem Dilemma zu entkommen, müssen Sie das Angebot verändern.

Geringere Mengen senken die Kosten und erhöhen die Verkaufschancen für das Dessert!

Nicht nur die Kalkulation zwingt Sie zu diesem Schritt, sondern auch die verkäuferische Vernunft. Es kann nicht in Ihrer Absicht liegen, den Gast schon mit dem „Gruß aus der Küche“ halbwegs satt zu machen. Welches Motiv sollte er dann noch haben, später eine Nachspeise zu nehmen? Und eine Vorspeise bestellt er schon gar nicht, weil er die von Ihnen kostenlos bekommt.

Wenn Sie also beispielsweise nur pro Gast zwei Scheiben Baguette und ein klein bisschen Kräuterbutter – gerade so viel, dass er die beiden Scheiben bestreichen kann, dann beläuft sich Ihr Wareneinsatz vielleicht noch auf 20 Cent. Dann müssen Sie rechnerisch nur noch 67 Cent auf jede Hauptspeise drauf packen. Das lässt sich machen.

Und der Gast hat später noch Platz für ein leckeres Dessert!

11

AUFWAND:
NICHT UNERHEBLICH

NUTZEN:
ABSOLUT NOTWENIG UND UNVERZICHTBAR

UMSETZBARKEIT:
SOFORT BEI BEDARF

# Veranstaltungskalkulation – ohne Eintritt

Mehrere Tipps in diesem Buch beschäftigen sich mit unterschiedlichen Methoden der Produktkalkulation. Wenn Sie jedoch eine Veranstaltung durchführen, gibt es einige weitere Faktoren zu beachten. Denn neben dem Wareneinsatz gibt es eine Reihe variabler Kosten, also Kosten, die einzig und allein im Zusammenhang mit der jeweiligen Veranstaltung stehen.

Diese Kosten sind es, die es schwer machen, eigene Events gewinnbringend durchzuführen. Deshalb müssen Sie diese in der Kalkulation unbedingt berücksichtigen.

Die speziellen Kosten des Events sind zu ermitteln!

Zunächst gilt es festzuhalten, welche Kosten überhaupt entstehen. Möglicherweise ist ein Künstler zu bezahlen, damit verbunden auch die gesetzlich vorgeschriebene Abgabe an die Künstlersozialkasse, es muss zusätzliches Personal bereitgestellt werden, Dekoration für die Räume ist anzubringen, es fallen Kosten für die Werbung an und vielleicht noch das eine oder andere. Alle Kosten, die speziell im Zusammenhang mit dem Event stehen, müssen addiert werden. Die Summe dieser Kosten muss zusätzlich zum Wareneinsatz erwirtschaftet werden.

Mit einem Beispiel will ich zeigen, was das bedeutet:
Angenommen Ihre speziellen Kosten für die Veranstaltung belaufen sich auf 1.000 Euro (ohne Mehrwertsteuer), was nicht viel ist, und nehmen wir weiter an, Sie kalkulieren Ihre Speisen und Getränke mit einer Wareneinsatzquote von 30 %. Das entspricht umgerechnet einer Rohertragsspanne von 70 % (100 – 30 = 70).

Wenn Sie keinen Eintritt verlangen, sondern die Erlöse ausschließlich aus dem Verkauf von Speisen und Getränken gewinnen, und Sie von einem Durchschnittsbon pro Gast von 30 € brutto (inkl. Mehrwertsteuer) ausgehen, brauchen Sie 57 Gäste, allein um die Kosten zu decken. Sie haben da noch so gut wie kein Geld verdient, obwohl Sie 1.650 € in der Kasse haben.

Diese Mindestteilnehmerzahl errechnet sich in zwei Arbeitsschritten:
1. Ermittlung des Rohertrag pro Gast:
Rohertrag pro Gast = Umsatz pro Gast x Rohertragsquote
In unserem Beispiel heißt das: Rohertrag / Gast = 30 € / 1,19 x 70 % = 17,65 €

(Die Teilung durch 1,19 bezeichnet das Herausrechnen der Mehrwertsteuer beim Satz von 19 %, wie er zum Zeitpunkt der Drucklegung gültig ist.)

2. Ermittlung der notwendigen Gästezahl
Notwendige Gästezahl = Spezialkosten / Rohertrag pro Gast
In unserem Beispiel: Notwendige Gästezahl = 1.000 € / 17,65 € = 57 (gerundet)

### Bei begrenzten Plätzen muss der Mindestumsatz pro Gast ermittelt werden!

Natürlich lässt sich die Berechnung auch umkehren, wenn ich zunächst davon ausgehe, wie viele Gäste ich haben werde. Das ist vor allem dann das Mittel der Wahl, wenn die Zahl der Plätze eng begrenzt ist. Wiederum sei das an einem Beispiel erläutert: Nehmen wir an, Ihnen stehen maximal 45 Plätze zur Verfügung, und Sie wollen wissen, wie viel Sie pro Gast umsetzen müssen, damit die Sache für Sie aufgeht. Wieder gibt es zwei Rechenschritte:

1. Ermittlung des notwendigen Umsatzes zur Deckung der Spezialkosten
Notwendiger Umsatz = Spezialkosten / Rohertragsquote
Unser Beispiel: Notwendiger Umsatz = 1000 € / 70 % x 1,19 = 1700 €

2. Ermittlung des notwendigen Umsatzes pro Gast
Notwendiger Umsatz pro Gast = Notwendiger Umsatz / Anzahl Gäste
Unser Beispiel: 1700 € / 45 = 38 €

Nun kann man überlegen, ob dieser Erlös pro Gast realistisch ist und ob davon auszugehen ist, dass dann auch alle Plätze besetzt sind. Nicht zu vergessen: Geld verdienen Sie erst dann, wenn Ihre Einnahmen höher sind, als die hier kalkulierten.

### Sauberes Kalkulieren erspart Ihnen böse Überraschungen!

Die Kalkulation liefert nur die Schwellenwerte, ab denen die Kosten gedeckt sind. Das Abhalten von Events sollte also nur auf der Basis einer soliden Kalkulation stattfinden.

✓ Hinweis: Ein kleines Kalkulationsprogramm erhalten Sie kostenlos unter www.kammerer-services.de

12

AUFWAND:
NICHT UNERHEBLICH

NUTZEN:
ABSOLUT NOTWENIG UND UNVERZICHTBAR

UMSETZBARKEIT:
SOFORT BEI BEDARF

# Veranstaltungskalkulation – mit Eintritt

Im Tipp *Veranstaltungskalkulation – ohne Eintritt* habe ich die Grundlagen der Kalkulation von Veranstaltungen dargelegt. Ich will deshalb in diesem Tipp ausnahmsweise die Kenntnis der dort dargelegten Rechenformeln voraussetzen, um mich nicht komplett zu wiederholen und Sie als Leser damit zu langweilen.

Natürlich ist es für Ihre Kalkulation günstig, wenn Sie neben dem Verkauf von Speisen und Getränken einen gesonderten Eintritt verlangen können. Wenn wir davon ausgehen, dass Sie bei zusätzlichen Kosten von 1000 Euro von jedem Gast 8 Euro Eintritt kassieren, und die Gäste nach wie vor für 30 Euro essen und trinken (kalkuliert mit einem Wareneinsatz von 30 %, also einer Rohertragsquote von 70 %), dann brauchen Sie nur noch 41 Besucher, damit Ihre Veranstaltung sich trägt, während ohne Eintritt 57 Besucher dazu notwendig wären.

Eintrittsgelder wirken sich auf die Kalkulation günstig aus!

Die Berechnung läuft im Grunde, wie im Tipp *Veranstaltungskalkulation ohne Eintritt* beschrieben, lediglich mit zwei Abweichungen: Sie müssen bei der Ermittlung des Rohertrags pro Gast den Eintrittspreis hinzuaddieren, aber auch die Mehrwertsteuer berücksichtigen.

Die Formel lautet:
Rohertrag pro Gast = Umsatz pro Gast x Rohertragsquote + Eintritt
Unser Beispiel: Rohertrag pro Gast = 30 € / 1,19 x 70 % + 8 / 1,19 = 24,37 €
Notwendige Gästezahl: 1000 € / 24,37 € = 41

Grundsätzlich zeigt sich eine Tendenz, nämlich dass Sie entweder einen qualitativ sehr hochwertigen und damit auch entsprechend teuren Event machen müssen, oder eine Veranstaltung, bei der Sie mit einer hohen Gästezahl rechnen können. Für letzteres brauchen Sie allerdings eine geeignete Räumlichkeit. Müssen Sie diese zusätzlich anmieten, entstehen weitere Kosten.

### Rentabilität erfordert Aufwand!

Beides will ich mit Beispielen belegen: Wenn Sie eine Gala bieten, die 2000 Euro Kosten verursacht, aber – zusammen mit den gebotenen Speisen – attraktiv genug ist, um Eintrittskarten à 69 Euro verkaufen zu können, von denen 39 Euro auf den Eintritt und 30 Euro auf Speisen und Getränke gehen, dann benötigen Sie 40 Gäste, um in die Gewinnzone zu kommen.

Wenn Sie jedoch eine massentaugliche Veranstaltung machen (z. B. einen Tanz- oder Volksmusikabend) und ebenfalls 2000 Euro Kosten haben, 5 Euro Eintritt verlangen und davon ausgehen, dass jeder Gast im Durchschnitt 15 Euro für Speisen und Getränke ausgibt, brauchen Sie 154 Gäste, damit die Sache für Sie aufgeht!

In unserem Beispiel:
Rohertrag pro Gast = 15€ / 1,19 x 70 % + 5€ /1,19 = 13€
Notwendige Gästezahl = Spezialkosten / Rohertrag pro Gast = 2000€ / 13€ = 154 (gerundet)
Auch hier lässt sich die Berechnung umkehren, also nach dem Mindestumsatz suchen bei festgelegter Teilnehmerzahl. Allerdings ist diese Berechnung schon etwas komplizierter:

Gehen wir daher erneut in zwei Schritten vor:

1. Ermittlung des notwendigen Umsatzes an Speisen und Getränken (S+G):
Notwendiger S+G-Umsatz = Spezialkosten x 1,19 – Teilnehmerzahl x Eintritt
Gehen wir in unserem Beispiel von maximal 100 Teilnehmern aus:
Notwendiger S+G-Umsatz = 2380€ – 100 x 5€ = 1880€

2. Ermittlung des notwendigen S+G-Umsatzes pro Gast
Notwendiger S+G-Umsatz pro Gast = Notwendiger S+G-Umsatz / Rohertragsquote / Teilnehmerzahl
Beispiel: Notwendiger S+G-Umsatz pro Gast = 1880€ / 70 % / 100 = 26,86€

In diesem Fall wäre es fraglich, ob die Veranstaltung abgehalten werden kann, es sei denn es wäre möglich, den Eintritt deutlich zu erhöhen.

✓ Hinweis: Ein kleines Kalkulationsprogramm erhalten Sie kostenlos unter www.kammerer-services.de

13

Aufwand:
Erlöse müssen aufgeschlüsselt werden

Nutzen:
unerlässlich; nur so entstehen aussagefähige betriebswirtschaftliche Zahlen

Umsetzbarkeit:
sofort in Abstimmung mit dem Steuerberater

# Frühstücksumsatz richtig berechnen

In Betrieben, die sowohl Restaurant- als auch Hotelumsätze zu verzeichnen haben. Führt ein Punkt bei der Buchhaltung oft zu Problemen: das Frühstück. Wohin ist es nun zu zählen: Zum Hotel oder doch zum Restaurant?

Da die Zimmerpreise sehr häufig inklusive Frühstück angegeben werden, ist die Verlockung groß, deshalb auch den gesamten Erlös dem Hotelumsatz zuzuschlagen. Wer dieser Verlockung erliegt, macht jedoch einen Fehler.

Das Frühstück gehört nicht zum Übernachtungsumsatz!

Der Grund dafür ist einfach zu erklären: Um das Frühstück anbieten zu können, werden Waren verbraucht. Würde nun der Umsatz aber nicht dem Speisen- und Getränkebereich zugeschlagen, sondern den Übernachtungen, dann stünde dem Wareneinsatz kein Erlös gegenüber. Die erzielte Wareneinsatzquote würde also schlechter erscheinen, als sie tatsächlich ist.

Die Erkenntnis allein, das Frühstück als Speisen- und Getränkeumsatz verbuchen zu müssen, genügt aber noch nicht. Es ist auch wichtig, das Frühstück mit dem richtigen Betrag anzusetzen. Und dafür gibt es eine ganz einfache Regelung:

Der Frühstücksanteil ist exakt so hoch wie der Preis für das Frühstück allein!

Das heißt, dass Sie den Betrag vom Gesamtpreis (Übernachtung mit Frühstück) abziehen müssen, den ein Gast bezahlen würde, der nicht im Hotel schläft, sondern nur frühstückt. Je nach Qualität Ihres Frühstückes können das zwischen acht Euro, was häufig als Ansatz genommen wird, und in Einzelfällen auch zwanzig Euro oder mehr sein. Der Rest ist der reine Übernachtungsanteil.

Beispiel:

| | |
|---|---|
| Preis für Übernachtung mit Frühstück: | 69€ |
| Preis Frühstück allein | 10€ |

Also sind zu verbuchen:

| | |
|---|---|
| Übernachtungsumsatz | 59€ |
| Frühstücksumsatz bzw. Restaurantumsatz | 10€ |

Es ist notwendig, dass Sie bei Ihren Umsätzen, die Übernachtungen und Frühstücke betreffen, jede Position aufschlüsseln, da Sie sonst zu keinen aussagekräftigen Werten kommen.

Wenn die Produkte für das Frühstück gesondert eingekauft werden, kann man auch hier sowohl den Frühstücksumsatz als auch den Frühstückswareneinsatz getrennt ausweisen.

Bedient sich die Frühstücksküche hingegen aus dem Restaurantlager, so ist auch der Frühstücksumsatz dem Restaurantumsatz zuzuordnen.

Besondere Aufmerksamkeit ist erforderlich, wenn Preise nicht pro Person, sondern pro Zimmer angegeben werden. Wenn also beispielsweise ein Doppelzimmer für einen festen Preis an zwei Personen abgegeben wird.

Im Doppelzimmer muss gegebenenfalls bedacht werden, dass zwei Personen frühstücken

Beispiel:

| | |
|---|---|
| Preis für Doppelzimmer | 99€ |
| Preis für 2 Frühstücke | 20€ |

Also sind zu verbuchen:

| | |
|---|---|
| Übernachtungsumsatz | 79€ |
| Frühstücksumsatz bzw. Restaurantumsatz | 20€ |

Es dreht sich hierbei keineswegs um Erbsenzählerei. Vielmehr ist die gesonderte Verbuchung des Frühstücksumsatzes von entscheidender Bedeutung dafür, dass Ihre BWA, für die Sie schließlich eine Menge Geld bezahlen, überhaupt aussagefähig ist. Ansonsten können Sie sich das Geld auch sparen.

14

Aufwand:
Zimmerkosten müssen ermittelt werden; ansonsten üblicher Kalkulationsaufwand

Nutzen:
unverzichtbar, wenn man aussagekräftige betriebswirtschaftliche Daten haben möchte

Umsetzbarkeit:
sofort

# Pauschalangebote richtig kalkulieren und verbuchen

In beinahe allen Hotels sind Kombinationsangebote üblich, sei es eine Seminarpauschale, ein Reisegruppenangebot, ein Wochenend-Spezial oder ein sonstiges Angebot, in dem unterschiedliche Leistungen zusammengefasst werden.

Im Normalfall wird man die Preise der einzelnen Angebotsteile zusammenzählen und dann so abrunden, dass sich insgesamt ein attraktiver Preis ergibt. Mit anderen Worten: Kombinationsangebote enthalten versteckte Rabatte. Gedanklich zieht man ein bisschen vom Übernachtungspreis ab, ein bisschen vom Frühstück und ein wenig auch von den Preisen für die servierten Gerichte.

Wie aber handhabt man diese Preisnachlässe in der Buchhaltung?

In der Praxis sind die unterschiedlichsten Lösungsansätze zu sehen, empfehlen aber kann man davon nur einen:

Alle Rabatte gehen zu Lasten des Bettes!

Bei der Preisfindung stellt sich das häufig anders dar. Wie oben gezeigt, macht man da und dort die nötigen Abstriche, doch in die Buchhaltung darf ein solches Vorgehen nicht eingehen, weil dadurch die Aussagekraft des Wareneinsatzes zunichte gemacht werden würde. Und eigentlich – wie später gezeigt wird – ist dieses Verfahren schon bei der Preisfindung nicht optimal.

Wenn wir uns den zweiten Aspekt zuerst ansehen, leuchtet die Sache mit der Buchhaltung rasch ein.

Bei der Erstellung eines Pauschalangebotes, bestehend aus Übernachtung, Frühstück und Mahlzeiten (z. B. Halbpension) sollten Sie zunächst immer die Speisen kalkulieren - und zwar zum vollen Preis, wie Sie die Gerichte auch auf der Speisekarte ausweisen bzw. ausweisen würden, wenn sie vom Speisekartenangebot abweichen.

Weiterhin addieren Sie auch das Frühstück zum vollen Preis dazu.

Speisen stets zum vollen Preis ansetzen!

Als Letztes erst schlagen Sie den Übernachtungspreis dazu. Wenn Sie zunächst den normalen Zimmerpreis nehmen, haben Sie den unrabattierten Wert Ihrer Leistung. Für die meisten Pauschalangebote dürfte dieser deutlich zu hoch sein. Sie müssen also Abschläge vornehmen und diese Abschläge dürfen ausschließlich den Übernachtungspreis betreffen.

Allerdings können Sie den Zimmerpreis nicht beliebig weit herunterfahren, da Sie Kosten haben für die Zimmerreinigung, für Bettwäsche und Handtücher, für Heizung, Warmwasser, Toilettenpapier, Seife und Ähnliches mehr. Je nach Ausstattung Ihres Hotels ergeben sich hier anzusetzende Kosten von 10 Euro bis 30 Euro, in der Spitzenklasse auch noch mehr. Diese Kosten muss jeder Hotelier vor der Preisfindung individuell ermitteln.

Der volle Preis der Speisen und des Frühstücks, zusammen mit den Eigenkosten der Zimmernutzung, ergeben also den absoluten Mindestpreis, den Sie bei einem Pauschalangebot verlangen müssen. Bei diesem Mindestpreis verschenken Sie nämlich die Übernachtungen, nur um an den Essensumsatz zu kommen. Und weniger als nichts können Sie für die Übernachtung nicht verlangen! Würden Sie noch unter diesem Mindestpreis bleiben, würden Sie Ihre Gäste umsonst übernachten lassen und zur Belohnung auch noch zum Vorzugspreis bewirten. Schon der Mindestpreis ist kaufmännisch nur in Extremfällen vertretbar. Im Normalfall sollte ein ansehnlicher Betrag mit der Übernachtung erlöst werden.

### Die richtige Erlösaufschlüsselung sorgt für aussagekräftige betriebswirtschaftliche Daten

Wie an anderer Stelle aufgezeigt, ist die Kontrolle der Wareneinsatzquote ein wichtiges unternehmerisches Steuerungsinstrument. Wer anfängt, bei Pauschalangeboten Rabatte auf die Speisen zu geben, macht dieses Instrument funktionsunfähig. Es ließe sich dann bei einer Verschlechterung der Wareneinsatzquote nicht mehr feststellen, ob dies an Mängeln in der Küche liegt, oder eine Folge vieler Pauschalangebote ist. Es wäre kaum mehr möglich, Ursachen für Probleme zu finden.

15

Aufwand:
nicht unerheblich bei der Ersteinrichtung; später je nach Betriebsgröße ca. 1-4 Stunden pro Monat

Nutzen:
absolut unverzichtbar zur Unternehmenssteuerung

Umsetzbarkeit:
zum nächsten Monatsende

# Monatliche **Inventur**

Der Wareneinsatz ist eine der wichtigsten Erfolgsschrauben, an denen Sie drehen können. Wenn Sie Waren teuer einkaufen und viel Verderb oder anderweitigen Schwund zu verkraften haben, werden Sie schwerlich auf einen grünen Zweig kommen.

In Ihren Betriebswirtschaftlichen Auswertungen (BWA) finden Sie stets die Wareneinsatzquote ausgewiesen. Denn wenn alles richtig angelegt ist, sollte die BWA aufzeigen, wie viel Prozent Ihres Umsatzes Sie für den Wareneinkauf aufwenden.

In den meisten Fällen ist diese Zahl trügerisch. Denn häufig wird hier lediglich die Summe der Wareneinkäufe ins Verhältnis zum erzielten Umsatz gesetzt. Aber wenn die Veränderungen im Lagerbestand nicht berücksichtigt werden, kann das das Ergebnis erheblich beeinflussen, ja sogar dergestalt verzerren, dass die in der BWA ausgewiesene Wareneinsatzquote ohne jede Aussagekraft ist.

Die Veränderungen im Lagerbestand müssen Berücksichtigung finden!

Wenn Sie am Monatsende noch einen Großeinkauf tätigen, um Lagerbestände aufzufüllen, kann das in der BWA den Anschein erwecken, als hätten Sie schlecht gewirtschaftet. Verschieben Sie den Einkauf hingegen auf den Anfang des folgenden Monats, sehen Ihre Zahlen viel besser aus. Dabei spielt der Einkaufstermin für den tatsächlichen Wareneinsatz überhaupt keine Rolle!

Um wirklich aussagfähige Daten aus der BWA zu gewinnen ist es unerlässlich, eine monatliche Lagerinventur durchzuführen.

Der Wareneinsatz vergleicht tatsächlich verbrauchte Waren mit dem erzielten Umsatz.

Viele Gastronomen schrecken vor dem vermeintlich großen Aufwand einer Lagerinventur zurück. Doch wirklich groß ist der Aufwand nur beim ersten Mal. Dabei sollten Sie ja eigentlich aus der ohnehin zu erstellenden Jahresinventur eine Artikelliste, oder noch besser eine Artikeldatei besitzen.

Diese Artikeldatei ist unerlässlich. Sie muss alle Waren aufführen, versehen mit dem jeweiligen Preis für eine Grundmenge (z. B. Kilogramm oder Liter). Am besten verwenden Sie dafür ein Tabellenkalkulationssystem wie z. B. MS Excel®, weil dann der Computer die ansonsten zeitraubende und fehlerbehaftete Rechenarbeit übernimmt.

Mit Hilfe des Computers werden Rechenarbeiten vereinfacht und Fehler vermieden!

Nun müssen Sie nur noch die Mengenbestände der einzelnen Artikel aufnehmen und in die Artikelliste eintragen. Wenn Ihre Kalkulationssoftware richtig programmiert ist, erhalten Sie dann auf Knopfdruck den aktuellen Lagerbestand. Das ist schon für sich genommen eine interessante Größe.

Der Lagerbestand zeigt auf, wie viel Kapital Sie in Ihrem Lager binden.

Mehr noch brauchen Sie diesen Wert, um ihn jeweils mit dem Wert des Vormonats vergleichen zu können. Hat der Lagerwert zugenommen, so muss diese Zunahme vom Wareneinkauf abgezogen werden. Hat der Lagerwert abgenommen, so muss die Differenz dem Wareneinkauf zugeschlagen werden. Auf diese Weise erhalten Sie die tatsächliche Wareneinsatzquote.

Nur wer Veränderungen im Lagerbestand mit berücksichtigt, erhält eine aussagekräftige Wareneinsatzquote

Ohne eine aussagekräftige Wareneinsatzquote können Sie Ihr Unternehmen nicht wirklich steuern. Führen Sie Ihr Schiff nicht ohne Steuer durch eine manchmal stürmische See.

16

AUFWAND:
ANSCHAFFUNG EINIGER HANDYS

NUTZEN:
EINSPARUNG EINER TEUREN TELEFONANLAGE; SERVICE-PLUS

UMSETZBARKEIT:
WENN BESTEHENDE TELEFONANLAGE ERNEUERT WERDEN MÜSSTE

# Fixkosten senken – Telefon

Gerade in schwierigen Zeiten belastet einen Betrieb nichts so sehr wie hohe Fixkosten, die anfallen, gleich ob viel oder wenig Geschäft ist. Dabei gibt es unvermeidbare Kosten, aber eben auch solche, die man mit ein bisschen Gewitztheit senken kann. Derlei Einsparpotentiale sollte man nutzen.

Noch immer gilt es als Standard in Hotels, dass der Gast auf dem Zimmer ein Festnetztelefon vorfindet. Dabei führt fast jeder Gast ein eigenes Handy mit sich und benutzt den Festnetzanschluss auf dem Zimmer bestenfalls dazu, um kostengünstig zurückgerufen zu werden. Die Möglichkeit, dass Hoteliers mit dem Telefon Geld verdienen, gehört längst der Vergangenheit an.

Die Telefonanlage im Hotel verursacht nur noch Kosten ohne Gewinnchance!

Als Hotelier sollten Sie ernsthaft darüber nachdenken, ob der Betrieb einer teuren Telefonanlage noch zeitgemäß und wirtschaftlich vertretbar ist. Eine Alternative bieten Handys mit Prepaid-Karten, die für wenig Geld zu erstehen sind.

Dabei können Sie sogar einen besonderen Service leisten: Bieten Sie Ihren Gästen an, sie gegen eine geringe Gebühr während des Aufenthalts in Ihrem Hause mit einem Handy auszustatten, das sie nicht nur im Haus benutzen, sondern untertags mitnehmen können.

So bekommen Ihre Gäste auf Wunsch – und gegen Bezahlung – sogar mehr, als ihnen das Haustelefon bieten könnte. So machen Sie eine Kosteneinsparung zum Service-Plus. Wer schon ein eigenes Handy dabei hat, braucht diesen Service zwar nicht, kann aber ohnehin auf das Telefon auf dem Zimmer verzichten.

Machen Sie aus Ihrer Kostenersparnis ein Service-Plus!

Als Hotelier gewinnen Sie auf diese Weise doppelt: Sie senken Ihre Fixkosten für die Telefonanlage und haben die Möglichkeit, einen Gast ohne Handy während seines Aufenthalts mit einem solchen auszustatten.

17

# Fixkosten senken – Auto

Eine gute Möglichkeit, Fixkosten einzusparen ist das liebe Auto. Jemand, der eine Schwäche für tolle Wagen hat, kann der Freude am (schnellen) Fahren oder einer bestimmten Ästhetik nur schwer widerstehen. Obwohl ich weiß, dass das Auto aus Sicht einiger Leser eine heilige Kuh ist, muss aus kaufmännischer Sicht festgestellt werden: Ein Auto ist ein Nutzgegenstand – alles, was über den Nutzwert hinausgeht, ist purer Luxus! Ja, mehr noch als das: vielleicht sogar geschäftsschädigend.

Alles, was den reinen Nutzen übersteigt, ist Luxus!

Jeder muss sich die Frage stellen, ob er bereit ist, für diesen Luxus mehr Geld auszugeben, als wirtschaftlich sinnvoll und vertretbar ist. Gerade in kleinen Betrieben macht es eben einen ganz erheblichen Unterschied, ob monatlich 400 oder 1000 Euro für den Wagen aufgebracht werden müssen. Die Differenz bedeutet beispielsweise, dass Sie jeden Tag zwei gut konsumierende Speisegäste allein dafür brauchen, um den Kostenunterschied der beiden Fahrzeuge zu decken – vorausgesetzt Sie haben sieben Tage die Woche geöffnet.

Natürlich kann das jeder halten, wie er will, aber man sollte sich der Größenordnung bewusst sein und der Tatsache, dass es sich um echten Luxus handelt. Ich habe mehr als einmal Gastronomen und Hoteliers kennen gelernt, die sich aus angeblichem Geldmangel seit Jahren keinen Urlaub gönnen, aber einen dicken Mercedes oder einen 7er-BMW fahren. Urlaub wurde gestrichen, weil er als Luxus empfunden wurde, aber einen kleineren Wagen zu fahren, war nicht hinnehmbar.

Dabei kann ein schweres Auto auch das Geschäft hemmen.

Schwere Autos erzeugen Neid!

Wenn Sie Ihren Betrieb in einer großen Stadt haben, spielt das keine Rolle, aber wenn Sie in ländlichem Gebiet tätig sind, ist es keineswegs hilfreich, wenn Ihr Umfeld denkt, dass Sie zu viel Geld haben.

Problematisch wird es, wenn Sie finanziell in der Klemme stecken. Ob Sie nun die Bank um eine Kreditausweitung, Ihre Lieferanten um Zahlungsaufschub, oder Ihre Mitarbeiter um die Möglichkeit einer späteren Lohnauszahlung bitten, es ist in jedem Fall schlecht, wenn Sie dazu mit einem 7er-BMW vorfahren. Knausern Sie mit dem Auto und gönnen Sie sich lieber einen schönen Urlaub. Wenn Sie sich unter Palmen einen leckeren Longdrink gönnen, sieht das zuhause keiner!

AUFWAND:
MÖGLICHERWEISE EMOTIONAL ERHEBLICH

NUTZEN:
KOSTENERSPARNIS

UMSETZBARKEIT:
SPÄTESTENS, WENN NEUES FAHRZEUG ANSTEHT

18

Aufwand:
einmalig ein oder zwei Stunden; danach jeweils bei Planung von Werbeausgaben

Nutzen:
effektiverer Einsatz der Geldmittel; Schutz vor negativen Überraschungen

Umsetzbarkeit:
am besten in Verbindung mit Jahreszielplanung

# Budgetierung – am Beispiel Werbekosten

Es fällt mir immer wieder auf, dass bei den Werbekosten oft deutliche Schwankungen in der Ausgabenhöhe auftreten. Meines Erachtens liegt es daran, dass Werbeausgaben oft sehr spontan und manchmal leider wenig planvoll getätigt werden. Unter Umständen stellt man dann am Ende des Jahres fest, dass das Konto *Werbung* stärker belastet worden ist, als es einem lieb ist. Um dies zu verbessern, ist es empfehlenswert, mit einem Werbebudget zu arbeiten.

Ein Werbebudget bewahrt vor unliebsamen Überraschungen!

Budgetierung ist auch für eine Reihe anderer Kostenpositionen sinnvoll, der Werbebereich eignet sich allerdings besonders gut, um damit anzufangen. Deshalb werde ich das Vorgehen an diesem Beispiel aufzeigen.

Zuerst gilt es zu definieren, was alles unter Werbung zu verstehen ist, wie zum Beispiel Anzeigen, Schilder, Katalogeinträge, Internet-Auftritt, Prospekte, Flyer, Briefaussendungen. Vielleicht haben Sie ja noch weitere Werbemittel, die Sie einsetzen, wie bedruckte Kugelschreiber, Streichholzbriefchen, Postkarten oder Ähnliches. Wenn es sich bei dem weit überwiegenden Teil aller Postaussendungen um Werbung handelt, kann zur Einfachheit auch der gesamte Posten Porto mit zu den Werbekosten gezählt werden. Zum Ausgleich trägt das Werbebudget in diesem Fall keinen Anteil an den Telefonkosten. Wenn nicht in nennenswertem Umfang Telefonakquisition betrieben wird, ist das in Ordnung.

Im Anschluss daran muss die Höhe des Budgets festgelegt werden. Man kann sich dabei an den Werbekosten der Vorjahre orientieren, muss dann allerdings darauf achten, ob (wie im obigen Beispiel) die Portokosten ebenfalls mit eingeschlossen werden müssen.

Die Höhe des Budgets ergibt sich in der Regel aus der Vergangenheit.

Der nächste Schritt besteht darin, zu ermitteln, welche Ausgaben bereits festgelegt sind: Welche Katalogeinträge beispielsweise fest vereinbart sind, welche Anzeigen schon feststehen, welche Kosten für Schilder oder für Gemeinschaftswerbungen festliegen, bzw. welche weiteren Werbemaßnahmen bereits vereinbart sind. Alle Kosten für diese Maßnahmen müssen sofort wieder vom Budget abgezogen werden, weil das dafür verwendete Geld nicht mehr zur Disposition steht.

Lediglich der am Ende verbleibende Restbetrag steht für weitere Werbemaßnahmen zur Verfügung. Teilt man diesen Betrag durch 12, weiß man, welchen Betrag man pro Monat im Durchschnitt zur Verfügung hat. Auf diese Weise werden überzogene Ausgaben sicher vermieden und ein planvoller Einsatz der Geldmittel erreicht.

Natürlich müssen alle laufenden Werbeausgaben vom Gesamtbudget abgezogen werden, um jeder Zeit erkennen zu können, welcher Etat noch zur Verfügung steht. So wissen Sie frühzeitig, wann sie gegebenenfalls mit weiteren Werbemaßnahmen zurückhaltend sein müssen. Andererseits erkennen Sie auch klar, ob Sie noch ein wenig Werbung machen können.

Mit Budget geben Sie Ihr Geld sinnvoller aus!

Budgetierung macht nur Sinn, wenn Sie sich auch an die Vorgaben halten. Zwar kann es unerwartete Ausgaben geben, die das Budget sprengen, weil sich beispielsweise die Möglichkeit ergibt, sich an einer sehr Erfolg versprechenden Aktion zu beteiligen. Doch das sollten absolute Ausnahmefälle bleiben, ist es doch ein Nutzen der Budgetierung eben nicht bei jeder sich bietenden Gelegenheit auf Werbeversuchungen hereinzufallen.

Ein Überziehen des Budgets darf es nur in seltenen Ausnahmefällen geben!

Wenn Sie eine Weile mit dem Budget arbeiten, werden Sie feststellen, dass Sie Ihr Geld überlegter und gezielter einsetzen. Ein Vertreter, der Ihnen mal eben den Eintrag in einen neuen Katalog oder in eine neue Internetsuchmaschine verkaufen will, wird es dann schwer haben – und das ist gut so!

19

# Planung von Investitionen

Aufwand:
nicht unerheblich

Nutzen:
Planungssicherheit; verbessertes Rating

Umsetzbarkeit:
möglichst einmal im Jahr

Wenn Sie als Existenzgründer zu Ihrer Bank gehen, kommen Sie um einen Investitionsplan nicht herum. Doch auch wenn Sie ein eingeführtes Unternehmen leiten, sollten Sie sich Gedanken darüber machen, welche finanziellen Mittel in den kommenden Jahren für anstehende Investitionen benötigt werden. Diese Planung kann für das Überleben des Betriebes von entscheidender Bedeutung sein.

Die Basis eines jeden Kredits ist das Vertrauen der Bank in ihren Kunden. Im Gastgewerbe geht es dabei nicht vorrangig um das Vertrauen in die Kochkünste oder in die Qualität der Matratzen, sondern um das Vertrauen in die kaufmännischen Fähigkeiten des Unternehmers. Und dieses Vertrauen ist gegenüber der Gastrobranche generell eher nicht besonders groß.

Sie müssen also Ihre Bank ganz persönlich von sich überzeugen. Der Banker will sicher sein, dass er das Geld in die Hände eines professionellen Kaufmanns gibt. Das Vorlegen eines zumindest mittelfristigen Investitionsplans ist eine gute Maßnahme, um das besagte Vertrauen zu gewinnen.

## Alte Gerätschaften müssen irgendwann erneuert werden!

Selbst wenn Sie in absehbarer Zukunft keine größeren Investitionsvorhaben planen, steht irgendwann die Ersatzbeschaffung von abgenutzten Einrichtungsgegenständen, überholter Technik und in die Jahre gekommenen Gerätschaften an. Es genügt nicht, einfach darauf zu hoffen, dass am Tag X das notwendige Geld schon da sein werde. Gerade in solchen Situationen bringen sich viele Unternehmen in existenzielle Schwierigkeiten. In meiner Beratungspraxis erlebe ich immer wieder, dass die Mittel für derartige Ersatzbeschaffungen nicht aus langfristiger Finanzplanung stammen, sondern stattdessen den laufenden Einnahmen entnommen werden. Das aber engt die Liquidität des Unternehmens ein. Nicht selten werden in der Folge andere Zahlungen verschleppt, was den ersten Schritt in die Zahlungsunfähigkeit bedeuten kann.

### Wer Ersatzbeschaffung aus laufenden Einnahmen bestreitet, bringt sich in Gefahr!

Um genau dies zu vermeiden, ist es erforderlich, den Kapitalbedarf für Investitionen auf Jahre hinaus im Voraus zu planen Das Vorgehen ist im Prinzip nicht schwierig. Zwar weiß man nicht, wann Einrichtungsgegenstände und Geräte kaputt gehen und Ersatzbeschaffungen notwendig werden, doch die restliche Abschreibungsdauer dieser Wirtschaftsgüter gibt einen guten Anhaltspunkt. Ein Anruf beim Steuerberater dürfte reichen, um eine solche Aufstellung zu erhalten. Damit wissen Sie schon einmal, was Sie vermutlich wann zu ersetzen haben, und ein Blick in die Preislisten Ihrer Lieferanten sagt Ihnen, welche finanzielle Belastung dann auf Sie zukommt.

Natürlich stimmt die Abschreibungsdauer nicht immer mit der wirklichen Lebensdauer überein, aber als Mittelwert darf die Abschreibungsdauer sicher genommen werden. Wenn in der Planung noch finanzielle Puffer stecken, weil die Geräte auch über die Abschreibung hinaus genutzt werden, ist das allemal besser, als umgekehrt, weil Ihnen dann Geld fehlt.

Nachdem die in den nächsten Jahren notwendigen Ausgaben für Investitionen ermittelt sind, können Sie sich darüber hinausgehenden Wünschen und Planungen zuwenden, die je nach der Wirtschaftskraft Ihres Unternehmens größer oder kleiner sein dürfen. Wenn ein Betrieb bereits in wirtschaftlichen Schwierigkeiten steckt, ist es vermutlich schwer genug, auch nur die unbedingt notwendigen Ersatzbeschaffungen zu tätigen. In diesem Fall könnte es sogar schädlich sein, der Bank unkommentiert einen Investitionsplan vorzulegen, der ausweist, dass Ihre Probleme bald noch größer sind als heute. Hier sollte der Investitionsplan Teil eines Sanierungsvorschlags sein. Wenn es hingegen richtig gut läuft, kann auch über Erweiterungsinvestitionen, wie Anbauten oder eine verbesserte Ausstattung nachgedacht werden. Wiederum gilt es, alle Vorhaben detailliert zu erfassen und zumindest annähernd den daraus resultierenden Kapitalbedarf zu ermitteln.

### Der Investitionsplan ist der Bank frühzeitig vorzulegen!

Mit der Liste Ihrer notwendigen gewünschten Investitionen gehen Sie schließlich zu Ihrer Bank. Warten Sie nicht, bis der Geldbedarf akut ist. Alleine die Tatsache, dass Sie überhaupt einen Investitionsplan erstellt haben, wird Ihren Banker nicht unbeeindruckt lassen. Das heißt freilich nicht, dass er all Ihre Wünsche erfüllen wird. Denn nach wie vor ist es für Hoteliers und Gastronomen nicht leicht, an Darlehen zu kommen. Aber Sie haben die Möglichkeit, gemeinsam mit Ihrem Kreditinstitut zu klären, welche Vorhaben wie und wann realisiert werden können. Das bringt nicht nur der Bank als Geldgeber, sondern vor allem Ihnen als Unternehmer Planungssicherheit. Allein die Vorlage eines fundierten Investitionsplans verbessert unter Umständen Ihr für die Kreditvergabe so wichtiges Rating.

Somit macht der Investitionsplan nicht nur klar, wie viel Kapital Sie wann benötigen, sondern er erhöht auch Ihre Chancen, das Geld zu bekommen.

20

Aufwand:
einmal jährlich ein Tag in Klausur

Nutzen:
wichtiges Instrument zur Unternehmenssteuerung; verbessertes Rating

Umsetzbarkeit:
jederzeit, auch unterm Jahr, wenn noch nicht gemacht

# Jahreszielplanung

Laufende Erfolgskontrolle ist ein unverzichtbares Instrument der Unternehmenssteuerung. Mit Ihren aktuellen betriebswirtschaftlichen Auswertungen allein können Sie allerdings keine Erfolgskontrolle durchführen. Denn um etwas kontrollieren zu können, müssen Sie wissen, was richtig ist, Sie brauchen also Vergleichswerte zu Ihren aktuellen Daten. Deshalb benötigen Sie Planzahlen.

Die einfachste Variante besteht darin, die betriebswirtschaftlichen Zahlen des laufenden Jahres mit den Vorjahreszahlen zu vergleichen. Als grobe Richtschnur mag das ausreichen, echte Planzahlen sind das aber nicht.

## Der Vergleich mit der Vergangenheit reicht nicht!

Schließlich zielt die Verwendung der Vorjahreszahlen nicht auf eine positive Entwicklung ab, sondern definiert das Erreichen oder bestenfalls das leichte Übertreffen der Gegenwart als zukünftiges Ziel. Unberücksichtigt werden dabei künftig zu treffende Maßnahmen und der dadurch angepeilte Nutzen. Ist es doch Sinn und Zweck eines jeden Controllings – und Planrechnung ist ein Instrument des Controllings –, besser zu werden, entweder durch Steigerung der Erlöse oder durch eine Reduzierung der Kosten. Man führt keine Instrumente des Controllings ein, damit alles beim Alten bleibt!

## Einmal jährlich Jahreszielplanung!

Somit ist es unerlässlich, Planzahlen zu erarbeiten. Dies geschieht am besten einmal jährlich, wenn man sich zusammensetzt, um eine Jahreszielplanung durchzuführen.

Technisch ist das Vorgehen einfach: Bei der Jahreszielplanung schreiben Sie die BWAs - Monat für Monat - für das kommende Jahr im Voraus. Sie drücken also Ihre Erwartungen und Anforderungen in betriebswirtschaftlichen Zahlen aus.

Natürlich ist die Basis aller Planzahlen die Vergangenheit. Von dieser Basis aus gilt es, die Zukunft zu planen. Dabei muss zuerst darauf geachtet werden, wie die Zahlen der Vergangenheit zustande gekommen sind. Wenn Sie besonders hohe oder niedrige Umsätze hatten aufgrund äußerer Umstände (z. B. überdurchschnittlich hohe Gästezahl wegen eines einmaligen Großereignisses in der Stadt oder sehr schlechte Umsätze wegen einer zeitweiligen Straßensperrung) können die Vergangenheitswerte nur begrenzt zur Prognose verwendet werden.

Auch veränderte Ferientermine oder Feiertage müssen bei der Umrechnung der Vergangenheitsdaten auf die Zukunft berücksichtigt werden.

Weiterhin muss festgelegt werden, mit welchen Maßnahmen Sie die gewünschten Verbesserungen erzielen wollen. Einfach schöne Zahlen schreiben, ohne etwas zu verändern, macht keinen Sinn. Sie müssen also klar festhalten, was Sie tun werden und welche Auswirkungen das voraussichtlich auf Ihre Zahlen haben wird. Denn ein unverzichtbarer Bestandteil aller Planrechnungen ist die Angabe von Gründen, weshalb man an die Realisierung derselben glaubt. Planzahlen, die unerreichbar sind, frustrieren nur!

### Schreiben Sie die BWAs der Zukunft!

Wenn all diese Faktoren festgelegt sind, können Sie sich schließlich daran machen, die Planzahlen zu erstellen, also die zukünftig erwarteten BWAs zu schreiben. Dabei können Sie sich auf die Bereiche beschränken, die Sie besonders interessieren. Selbstverständlich müssen Sie die Erlöse sorgfältig aufschlüsseln, aber bei den Kosten können Sie sich auf die Hauptpositionen (Personalkosten, Energiekosten), sowie Kostenarten, die Sie besonders im Auge behalten wollen, beschränken.

### Unterstützung von außen ist äußerst hilfreich!

Gerade bei der Jahreszielplanung hat es sich als äußerst hilfreich erwiesen, wenn man einen Dritten, einen betriebsfremden Fachmann zur Seite hat, der alle Überlegungen kritisch hinterfragt. Die Planung gewinnt dadurch erheblich an Qualität.

21

AUFWAND:
EINMAL MONATLICH EINE
HALBE STUNDE

NUTZEN:
WICHTIGE ERKENNTNISSE
ZUR ERFOLGSSTEIGERUNG UND
OPTIMIERUNG

UMSETZBARKEIT:
SOBALD PLANZAHLEN
ERSTELLT SIND

# Soll-Ist-Vergleich

Im Tipp *Jahreszielplanung* wird auf die Notwendigkeit zur Erstellung von Planzahlen verwiesen. Diese sind allerdings bedeutungslos, wenn keine Erfolgskontrolle durchgeführt wird, wenn also die realen Zahlen aus der Buchhaltung nicht mit den Planzahlen verglichen werden. Denn das Herzstück eines jeden Controllings ist der Soll-Ist-Vergleich. Erst der Abgleich der Sollzahlen mit den Zahlen aus der Buchhaltung ermöglicht es Ihnen, die richtigen Schlüsse zu ziehen, um Ihr Unternehmen auch durch schwierigeres Fahrwasser erfolgreich zu steuern.

Planzahlen sind die Basis der Erfolgskontrolle!

Beim Soll-Ist-Vergleich müssen Sie Position für Position durchgehen. Vielleicht kann Ihr Steuerberater Ihre Planzahlen bereits in sein Buchhaltungssystem miteinpflegen, sodass Sie mit der BWA auch gleich einen Soll-Ist-Vergleich erhalten. Das vereinfacht Ihre Arbeit deutlich, birgt aber die Gefahr in sich, dass Sie sich diese Zahlen dann nicht mit der gleichen Intensität zu Gemüte führen, als wenn Sie sich diese erst erarbeiten müssen.

Natürlich reicht es nicht aus, lediglich Zahlen miteinander zu vergleichen. Wenn es Abweichungen zwischen den Planzahlen und der Realität gibt, ist es von größter Wichtigkeit, dass Sie die Gründe für diese Abweichungen möglichst zeitnah analysieren und die Erkenntnisse daraus schriftlich festhalten. Ein ehrlicher, selbstkritischer Umgang mit sich selbst ist dabei genauso unverzichtbar wie die schriftliche Dokumentation. Es hilft Ihnen nichts, wenn Sie momentan wissen, was warum anders gelaufen ist als geplant, es aber nicht aufschreiben. Denn ohne Aufzeichnungen können Sie Monate später nicht mehr nachvollziehen, was seinerzeit passiert ist.

### Nur schriftliche Dokumentation ermöglicht eine Analyse!

Wenn beispielsweise die real erzielten Erlöse niedriger sind als erwartet (d.h. wie in der Planrechnung ausgewiesen), müssen Sie unbedingt herausfinden, woran das liegt. Es gibt dafür eine Vielzahl von möglichen Ursachen: Schlechtes Wetter kann genauso verantwortlich sein für Umsatzeinbußen wie ein Lebensmittelskandal, der die Verbraucher verunsichert. Das sind Faktoren, die Sie nicht beeinflussen können.

Es kann aber auch sein, dass Sie sich an die eigene Nase fassen müssen, wenn Sie Maßnahmen, die das Geschäft nach vorne bringen sollten, nicht ergriffen haben, oder zumindest nicht so konsequent wie beabsichtigt.

### Abweichungen können unverschuldet, aber auch hausgemacht sein!

Dies gilt natürlich keineswegs nur für negative Entwicklungen. Möglicherweise ziehen Sie noch mehr Nutzen aus den Erkenntnissen darüber, welche Gründe zum Erfolg geführt haben. Wenn Sie feststellen, mit welchen Aktivitäten Sie Ihre eigenen Erwartungen übertroffen haben, wissen Sie ja, auf welches Pferd Sie verstärkt setzen müssen.

Selbstverständlich müssen auch die verschiedenen Kostenbereiche intensiv durchleuchtet werden. Ob steigende Personalkosten ein Problem sind, hängt von der Umsatzentwicklung ab. Wenn Ihre Erlöse über den Erwartungen liegen, ist es wahrscheinlich, dass auch die Personalkosten über dem Plan liegen.

### Kostenentwicklungen müssen in Relation zur Erlösentwicklung gesehen werden!

Unabhängig von der Art der Kosten ist es wichtig, dass Sie überall dort, wo es zu wesentlichen Abweichungen der Ist-Zahlen gegenüber den Planzahlen kommt, intensive Ursachenforschung betrieben.

Ich möchte ausdrücklich betonen, dass schriftliche Aufzeichnungen unbedingt notwendig sind. Dabei spielen weder Form, noch sprachliche Eloquenz eine Rolle. Es handelt sich schließlich nur um interne Informationen. Allerdings sind schriftliche Kommentare absolut unverzichtbar, um effektive Soll-Ist-Vergleiche anstellen zu können.

### Schriftliche Aufzeichnungen sind Grundlage sich stets verbessernder Planung!

Die schriftlichen Aufzeichnungen Ihrer Erkenntnisse bilden nämlich die Grundlage für Ihre nächste Planrechnung. Wenn Sie genau analysieren, warum es zu Abweichungen kommt, werden Ihre Planzahlen in Zukunft immer exakter.

22

AUFWAND:
ÜBERPRÜFUNG ALLER MÖGLICHKEITEN, GELDAUSGABEN ZU VERRINGERN

NUTZEN:
GEWINN VON LIQUIDITÄT

UMSETZBARKEIT:
NOTWENDIG IN ZEITEN EINGESCHRÄNKTER LIQUIDITÄT

# Liquiditätsengpässe meistern

Ein Liquiditätsengpass ist eine ernste Sache. Entsprechend konsequent müssen Sie an die Lösung des Problems herangehen. Wenn Sie über eine vernünftige Liquiditätsplanung verfügen, werden Sie imstande sein, einen drohenden Liquiditätsengpass zu erkennen, bevor er wirklich akut ist. Das verschafft Ihnen Zeit, um darauf zu reagieren, und Zeit ist gerade in schwierigen Tagen ein kostbares Gut.

Mit guter Planung sind Probleme frühzeitig zu erkennen!

Dabei will ich nicht verheimlichen, dass beispielsweise überraschende Forderungsausfälle auch einen sorgfältigen Planer durchaus in Schwierigkeiten bringen können. Wichtig ist, dass Sie dann ohne Zögern handeln. Denn es gilt nun, alle Maßnahmen zu ergreifen, die geeignet sind, den Liquiditätsengpass passierbar zu machen.

Der bequemste Weg führt natürlich zur Hausbank, die man ersuchen kann, den Kontokorrentrahmen zu erweitern, um die Schwierigkeiten in den Griff zu kriegen. Eine erhöhte Kontoüberziehung aber ist teuer. Außerdem sollte man einen wichtigen Aspekt nicht übersehen:

In jeder Krise steckt eine Chance!

Der drohende – und erst recht der bestehende – Liquiditätsengpass kann als Gelegenheit verstanden werden, Dinge zu optimieren. Außerdem ist es ja auch möglich, dass Ihre Bank eine Krediterhöhung ablehnt. Dann müssen andere Maßnahmen greifen.

Natürlich gibt es die Möglichkeit, Familie, Freunde oder Bekannte um Geld anzupumpen. Zuvor sollten Sie jedoch prüfen, welche Potentiale es in Ihrem Betrieb gibt. Bevor Sie neue Schulden machen - gleich ob bei Banken oder privat, -, verhandeln Sie mit Ihren Lieferanten über einen Zahlungsaufschub. Wenn Sie mit den Leuten reden, anstatt einfach Rechnungen unbezahlt zu lassen, werden Sie sicherlich auf Entgegenkommen stoßen.

Weiterhin gilt es sehr sorgfältig zu prüfen, ob bei den privaten Ausgaben Einsparungen vorgenommen werden können.

Bei knapper Kasse ist es auch zwingend erforderlich, den Lagerbestand zu kontrollieren und nach Möglichkeit zu verringern. Alles, was Sie dem Lager entnehmen, statt neu einzukaufen, entlastet Ihren Geldbeutel. Es kann sein, dass dies sogar zu Umstellungen in der Speisekarte führt. Denn vielleicht müssen Sie Speisen mit teuren Eingangsprodukten vorübergehend von der Karte nehmen und durch solche ersetzen, die Sie aus dem Lagerbestand heraus fertigen können Es ist allemal besser, man sagt einmal einem Gast, dass ein Produkt ausverkauft ist, als dass man aufgrund einer reichhaltigen Vorratswirtschaft unnötig Kapital bindet.

Verringerung des Lagerbestandes bringt Erhöhung des Kassenbestandes!

Grundsätzlich sind sämtliche Ausgaben-Positionen nach Dringlichkeit und Notwendigkeit zu untersuchen. Alle Ausgaben, die irgendwie verzichtbar oder aufschiebbar erscheinen, müssen bei Liquiditätsengpässen ausgesetzt werden. Folglich müssen Investitionen - wenn es irgendwie möglich ist - aufgeschoben werden. Wenn Sie Sparverträge haben oder Kapital bildende Lebensversicherungen, sollten Sie sich erkundigen, ob die Raten vorübergehend ausgesetzt werden können. Denn es ist nicht hilfreich für die Zukunft zu sparen, wenn Ihre Pläne durch nicht dringend notwendige Ausgaben gefährdet werden könnten.

Auf der Einnahmenseite müssen Sie die Möglichkeiten der Geldbeschaffung nutzen. Scheuen Sie sich nicht, auf säumige Zahler zuzugehen. Wenn es Ihrem Kunden nicht unangenehm ist, Sie auf Ihr Geld warten zu lassen, sollte es Ihnen auch nicht unangenehm sein, ihn auf seine Zahlungsverpflichtung anzusprechen. Erfahrungsgemäß hilft dabei ein Anruf oder gar ein persönlicher Besuch mehr als Mahnschreiben, die häufig unbeachtet im Papierkorb landen.

Sie werden sehen, dass sich die meisten Zahlungsschwierigkeiten - vorausgesetzt sie sind nicht Ausdruck einer weit reichenden Krise im Betrieb - mit den dargelegten Mitteln lösen lassen.

23

**Aufwand:**
Die Möglichkeit des Leasings sollte bei jeder Investition geprüft werden

**Nutzen:**
evtl. steuerliche Vorteile, keine Belastung des Ratings, schnellere Modernisierung

**Umsetzbarkeit:**
bei Bedarf

# Leasing – eine Alternative zur Finanzierung

Seit Jahren ist es für Gastronomen schwer, von ihren Banken Kredite zu bekommen. Da scheint Leasing eine interessante Alternative zu sein. So ist beispielsweise die komplette Ausstattung des La Ola, der gastronomischen Einrichtung im Fußballstadion von Schalke 04, geleast. Ein Wundermittel ist Leasing dennoch nicht.

Die Bonität des Kunden wird beim Leasing selbstverständlich genauso geprüft wie bei einem Kredit. Das macht deutlich, dass Leasing keine Alternative darstellt für Leute, die nicht kreditwürdig sind. Wer keinen Kredit bekommt, kann in der Regel auch nicht leasen.

Leasing rettet nicht vor schlechter Bonität!

Trotzdem gibt es eine Reihe guter Gründe, Leasing einem Kredit vorzuziehen. Ein wichtiger Vorteil des Leasings ist die sofortige Abschreibungsmöglichkeit. Während erworbene Wirtschaftsgüter einer meist mehrjährigen Abschreibung unterliegen, sind die Leasingkosten sofort in voller Höhe absetzbar.

Außerdem ergibt sich ein weiterer Vorteil des Leasings: Beim Rating nach den Kriterien von BASEL II werden alle Kredite summiert. Anschaffungen über Leasing werden jedoch nicht miteinbezogen. Das bedeutet, dass Güter, die über Leasing angeschafft werden, die Verschuldung nicht erhöhen und daher – im Gegensatz zu einem per Kredit finanzierten Kauf – keine negativen Auswirkungen auf die Bonität haben. Das erleichtert es, zukünftig Darlehen zu erhalten.

Leasing bringt steuerliche Vorteile und belastet nicht das Rating!

Von diesem Gesichtspunkt betrachtet, kann Leasing bei jeder Art von Investition hilfreich sein. Es gibt sogar Felder, auf denen sich Leasinglösungen besonders anbieten. Zum einen bezieht sich das auf all diejenigen Produkte, die einem raschen technischen Wandel unterliegen, wie beispielsweise Computer, weil man durch entsprechend kurzfristige Leasingverträge öfter neue Geräte erhalten kann, als wenn man sie kaufen würde. Auch andere technische Ausstattungen, die man vor allem im Seminarbereich benötigt, und die möglichst auf dem neuesten Stand sein sollten, eignen sich besonders für ein Leasingverfahren.

Darüber hinaus gibt es aber auch ganz spezielle Produkte für Gastronomen, bei denen Leasing eine interessante Variante sein kann. So bieten Tisch- und Bettwäscheanbieter teilweise alternativ Miet- und Leasinglösungen an. Bei der Mietwäsche werden die Mieter aus einem Wäschepool versorgt. Sie müssen sich also an vorhandenem Design und vorgegebenen Farben halten. Beim Leasing kann der Kunde seine Wäsche individuell auswählen.

Bei Wäsche ist Leasen eine echte Alternative zum Mieten!

Für Hoteliers ist es schwierig, von der Bank Geld für Zimmereinrichtungen zu bekommen, da das Mobiliar für die Banken keine praktisch verwertbaren Sicherheiten darstellen.

Doch auch hier haben sich Spezialanbieter auf dem Markt etabliert, wie beispielsweise die Firma Uni-Rent-Hotelmöbel in Braunschweig. Das Unternehmen richtet Hotelzimmer komplett ein oder bessert sie auf. Meist sind es Pächter, die erst durch solche Leasingangebote die Möglichkeit haben, ihre Zimmer neu auszustatten, da Kredite für Pächter extrem schwer zu bekommen sind. Um diesem Klientel entgegenzukommen, verzichtet dieses Unternehmen häufig sogar auf Kautionen und Anzahlungen. Allerdings können die Kunden nur unter vorgegebenen Modellen wählen. Diese Einschränkung aber kann man hinnehmen, wenn man sonst kaum eine Chance hat, an neue Möbel zu gelangen.

Besonders Pächter haben mit Leasing verbesserte Chancen!

Leasing ist also kein Allheilmittel, wohl aber eine Alternative, die man im Auge behalten sollte. Natürlich muss der Kunde nach wie vor kreditwürdig sein und über eine gute Bonität verfügen, aber da und dort ist Leasing einfach das Mittel der Wahl. Im Hinblick auf die möglichen steuerlichen Vorteile sollte auf jedem Fall mit dem Steuerberater gesprochen werden.

24

# Wissen statt Gefühl

AUFWAND:
ARBEIT UND KOSTEN

NUTZEN:
SICHERE INFORMATIONEN;
MEHR SCHUTZ VOR KRISEN

UMSETZBARKEIT:
DRINGEND AB SOFORT

Sehr häufig bekomme ich gerade von Neukunden betriebswirtschaftliche Auswertungen vorgelegt, die wenig Aussagekraft haben. Manchmal sind die Erlöse nicht richtig aufgeschlüsselt, sehr häufig fehlt die monatliche Inventur und nicht selten werden nur Kassenumsätze gebucht, wodurch die BWA als Instrument der Unternehmenssteuerung weitgehend wertlos wird.

Wenn ich nachfrage, wie der Unternehmer denn seinen Betrieb führen wolle, ohne diese wertvollen Informationen, höre ich oft, dass man das „einfach im Gefühl“ habe. Mit Verlaub: Das klingt so, als wollte ein Kapitän sein Schiff ohne Kompass nur nach Gefühl steuern. Das kann nicht funktionieren.

Eine aussagekräftige BWA ist der Kompass des Unternehmers!

Den Beleg dafür, dass ein Unternehmen nicht mit Gefühl, sondern nur auf der Basis von harten Fakten geführt werden kann, habe ich in meiner Praxis sehr häufig erlebt. So habe ich bei einem Kunden mit viel Überredungskunst die monatliche Inventur einführen können, weil er sicher war, dass die Abweichungen von Monat zu Monat sehr gering wären und er das sicher schätzen könne. Er war völlig fassungslos, als er bei der 2. Inventur feststellen musste, dass der Lagerwert um mehr als 7.000 Euro vom Vormonat abwich. Sein Gefühl hatte ihn im Stich gelassen.

Ein anderer Kunde steckte in wirtschaftlichen Schwierigkeiten und war sich ganz sicher, in welchem Zweig seines Unternehmens die Verluste entstehen. Es war gut, dass ich seinem Gefühl nicht traute. Da keine aussagefähigen BWAs vorlagen, musste ich mühevoll die Buchhaltung durchforsten, um mir den notwendigen Überblick zu verschaffen. Das Ergebnis rief einiges Erstaunen hervor: Das Betätigungsfeld, das nach Ansicht des Unternehmers die Verluste produzieren sollte, arbeitete sogar mit einem leichten Plus, während ein in den Augen des Inhabers unverdächtiger Geschäftszweig für das bedrohliche Defizit sorgte.

Nur mit aussagekräftigen Daten kann man handeln!

Ich könnte unzählige derartige Beispiele aufführen, die allesamt zeigen, dass man mit Gefühl nicht nur kein Wissen ersetzen kann, sondern dass „gefühlte“ falsche Daten sogar sehr gefährlich sind, weil sie möglicherweise zu völlig falschen Reaktionen führen.

# ✓ Mitarbeiter

TIPPS, TRICKS
&
ANREGUNGEN

25

AUFWAND:
PERMANENT

NUTZEN:
DEUTLICHE ERLEICHTERUNG
BEI DER PERSONALGEWINNUNG

UMSETZBARKEIT:
SOFORT

# Mitarbeiter gewinnen

Ich kenne eigentlich keinen Gastronomen oder Hotelier, der sich nicht wünschen würde, ein perfektes Team an seiner Seite zu haben. Wer es nicht resigniert dabei belassen möchte, dass er eben keine hervorragenden Mitarbeiter hat, muss sich darüber im Klaren sein, dass die Suche nach dem perfekten Team ein permanenter Prozess ist. Genauso, wie Sie stets aufs Neue um Gäste werben müssen, gilt es ständig nach neuen Mitarbeitern zu suchen, sogar wenn Sie im Augenblick gar keine neuen Leute brauchen.

Mitarbeitersuche ist ein permanenter Prozess!

Weiterhin muss man sich der Tatsache stellen, dass jeder, der ein perfektes Team sucht, bereit sein muss, sich von Mitarbeitern zu trennen, die nicht in dieses Team passen. Wer das Ganze auf die Spitze treiben will, muss sich gelegentlich sogar von einer guten Kraft trennen, wenn er stattdessen eine sehr gute gefunden hat.

Viele machen den Fehler, erst dann nach neuen Mitarbeitern zu suchen, wenn sie jemanden brauchen. Das ist zu spät, denn dann müssen Sie nehmen, wer oder was gerade auf dem Markt verfügbar ist, haben also keine Wahl.

Um Ihrem Ziel näher zu kommen, müssen Sie ständig aktiv nach möglichen Mitarbeitern suchen. Wo immer Sie auf jemanden stoßen, der Ihnen positiv auffällt, sollten Sie es nicht versäumen, den Kontakt zu knüpfen. Sagen Sie ruhig, wer Sie sind, und fragen Sie nach Namen und Telefonnummern. Scheuen Sie sich auch nicht zu sagen, dass Sie immer auf der Suche nach guten Leute sind. Geben Sie der Person Ihre Visitenkarte. Vielleicht erinnert sich die Person an Sie, wenn sie eine neue Stelle sucht.

Sprechen Sie gute Leute an!

Auch wenn sich die betreffende Person nicht meldet, sammeln Sie nach und nach wertvolle Kontaktadressen, auf die Sie zurückgreifen können, wenn Bedarf besteht.

Möglicherweise haben Sie Skrupel, einem Kollegen den Kellner oder Koch abzuwerben. Diese Bedenken möchte ich gerne zerstreuen. Sie würden sich ja auch nicht schämen, wenn Sie einem Mitbewerber einen Gast abspenstig machen. Wieso also sollte es falsch sein, wenn Sie einen Mitarbeiter abwerben. Außerdem können Sie sich in einem Punkt sicher sein: Wenn die betreffende Person sich bei seinem bisherigen Arbeitgeber wohl fühlt, gelingt Ihnen der Abwerbungsversuch ohnehin nicht.

Nicht nur im Kampf um die Gäste stehen Sie mit Ihren Kollegen im Wettbewerb, sondern auch bzgl. der Mitarbeiter. Und Wettbewerb heißt, um die Wette werben. Je besser der Ruf Ihres Hauses ist, je mehr es sich in Sachen Konzept, Qualität und Erfolg von anderen abhebt, umso leichter wird es Ihnen fallen, gute Mitstreiter zu finden. In einem Lokal, in dem keiner essen möchte, will auch keiner arbeiten. Wenn das Restaurant dagegen bei den Gästen begehrt ist, dann ist es auch als Arbeitsplatz interessant.

Der Grund liegt auf der Hand: In einem angesehenen Betrieb zu arbeiten, bringt auch dem Mitarbeiter Renommee.

Ihr gutes Renommee färbt auf Ihre Mitarbeiter ab!

Wenn Sie also ständig Ihr Profil schärfen und auch sonst immer bemüht sind, Ihren Betrieb zu optimieren, werden Sie bald feststellen, dass es Ihnen immer leichter fallen wird, tüchtiges Personal zu bekommen.

Natürlich kann man Fachkräfte auch über Zeitungsanzeigen suchen und finden. Dabei gibt es zwei aussichtsreiche Strategien: Entweder Sie investieren in eine Anzeige in einer gut akzeptierte Fachzeitung, wie beispielsweise der Allgemeinen Hotel- und Gastronomiezeitung (AHGZ), oder Sie wählen eine Tageszeitung in einem Gebiet mit hoher Arbeitslosigkeit, weil dort die Wahrscheinlichkeit, einen Koch oder Kellner auf Jobsuche zu finden höher ist als anderswo.

Eine weitere Quelle, insbesondere für Aushilfen sind Hausfrauen, deren Kinder aus dem Gröbsten raus sind, und die den Wiedereinstieg ins Berufsleben suchen, aber nicht sofort in der Lage sind, 40-Stunden-Wochen auszufüllen. Diese Personengruppe ist oft sehr dankbar für eine Chance.

26

Aufwand:
Kontaktaufnahme mit Behörden

Nutzen:
bares Geld

Umsetzbarkeit:
vor jeder Personaleinstellung

# Öffentliche Zuschüsse zu den Lohnkosten

Die Personalkosten sind meist der größte Kostenfaktor in einem gastronomischen Betrieb. Dennoch muss ein gewisser Mitarbeiterstamm einfach vorhanden sein, um einen guten Service bieten zu können.

Hin und wieder bietet sich die Möglichkeit, für den einen oder anderen Beschäftigten einen Lohnzuschuss von der öffentlichen Hand zu bekommen.

Die Agentur für Arbeit bietet eine Fülle von Förderprogrammen!

Die Agentur für Arbeit bietet eine ganze Fülle von Fördermöglichkeiten an. Es finden sich Förderungen von

- ✓ Ausbildung
- ✓ Beschäftigung Älterer (ab 50 Jahre)
- ✓ Einstellung von Arbeitslosen oder insbesondere
- ✓ Einstellung von Arbeitslosen bei neu gegründeten Unternehmen (in den ersten zwei Jahren ab Gründung)
- ✓ Einstellung Behinderter, wobei in diesem Fall sogar die Lohnkosten während der dreimonatigen Probezeit komplett übernommen werden können
- ✓ Weiterbildungsmaßnahmen von Mitarbeitern

Natürlich sind diese Förderungen stets an gewisse Bedingungen geknüpft, aber es lohnt sich allemal, sich diesbezüglich schlau zu machen.

Basisinformationen sind bequem im Internet abzurufen unter www.arbeitsagentur.de

Wenn Sie neue Mitarbeiter einstellen wollen, lohnt es sich, bei der Agentur für Arbeit anzufragen, ob es Zuschüsse gibt und unter welchen Umständen diese gewährt werden.

Natürlich erhalten Sie keine finanzielle Unterstützung vom Staat, wenn Sie lediglich einen Mitarbeiter von einem Konkurrenten abwerben.

# Einstellungsgespräch

**um halb eins** Tüchtige, arbeitswillige und belastungsfähige Mitarbeiter zu finden ist eine Kunst für sich. Und es ist auch gar nicht so leicht, in einem Vorstellungsgespräch herauszufinden, ob eine Person zum Betrieb passt oder nicht.

Geheime Zaubertricks, die Ihnen ein für alle Mal alle diesbezüglichen Probleme abnehmen, gibt es nicht, aber man kann durch die eine oder andere Maßnahme schon in der Bewerbungsphase herausfinden, mit wem man es zu tun hat.

Ein erprobtes Mittel, zumindest ein bisschen über die innere Haltung des Bewerbers herauszufinden ist es, das Bewerbungsgespräch zu ungewöhnlichen Zeiten anzusetzen. Ich kenne einen Gastronomen, der Vorstellungsgespräche gerne um halb eins führt – wohlgemerkt in der Nacht, nicht am frühen Nachmittag.

Das Vorstellungsgespräch zu ungewöhnlicher Stunde ist ein echter Testballon!

Er führt dafür zwei überzeugende Gründe an, und ich möchte ihn an dieser Stelle wörtlich zitieren: „Wenn ein Bewerber Schwierigkeiten damit hat, um halb eins zu einem Vorstellungsgespräch zu kommen, dann wird er mir auch Probleme machen, wenn ich ihn zu später Stunde zum Arbeiten brauche." Etwas spezieller, aber durchaus menschlich nachvollziehbar ist der zweite Grund, den er nennt: „Um diese Uhrzeit habe ich einen harten und langen Arbeitstag hinter mir. Ich habe dann ein untrügliches Gefühl dafür, wer mir auf die Nerven geht und wer nicht."

Das mag ein wenig radikal und sehr eigen klingen, aber es berührt einen überaus wichtigen Punkt. Es macht einfach keinen Spaß, mit jemandem langfristig zusammenzuarbeiten, der einem auf die Nerven geht.

Bei Personalentscheidungen ist das Gefühl oft ein guter Ratgeber!

Die besten Referenzen und Zeugnissen helfen nichts, wenn die Chemie nicht stimmt. Sympathie ist manchmal nicht weniger wichtig als Qualifikation.

AUFWAND:
GERING; SIE SIND ZU DIESER ZEIT OHNEHIN IM BETRIEB

NUTZEN:
MÄNGEL DER BEWERBER WERDEN RECHTZEITIG ERKANNT

UMSETZBARKEIT:
BEI JEDEM EINSTELLUNGSGESPRÄCH

# Die Kunst des Delegierens



„Was man nicht selber macht, ist nicht gemacht." Diesen Ausspruch haben Sie sicher auch schon gehört, wenn nicht gar selbst benutzt. Tatsache aber ist, dass wir nun einmal nicht alles selbst erledigen können. Wir sind auf die Hilfe der Mitarbeiter angewiesen.

Niemand kann alles allein erledigen!

Es führt kein Weg daran vorbei: Wir müssen Arbeiten delegieren. Und genau aus diesem Grund hat man Mitarbeiter.

Woran aber liegt es dann, dass so viele Chefs das Gefühl haben, Ihre Mitarbeiter würden anfallende Arbeiten einfach nicht so erledigen, wie sie sich das vorstellen?

Im Einzelfall kann es natürlich am Mitarbeiter liegen, aber meist liegt es allein schon an festen Vorstellungen davon, wie eine Aufgabe gelöst werden soll. Denn viele Vorgesetzte machen beim Delegieren einen grundsätzlichen Fehler: Sie delegieren keine Aufgabe, sondern gleich die Lösung. Sie sagen also nicht nur, was gemacht werden muss, sondern auch wie es gemacht werden muss.

Natürlich können und dürfen Sie Ihren Leuten nicht überall freie Hand lassen. Ganz gewiss wird es Bereiche geben, wo der von Ihnen gepflegte Stil die Art des Handelns vorgibt. Aber überall da, wo dies nicht zwingend erforderlich ist, sollten Sie die Zügel lockerer lassen.

Wenn Sie genau vorgeben, dass Ihr Mitarbeiter eine Kopie von Ihnen selbst sein soll, wird er natürlich immer hinter Ihren Erwartungen zurück bleiben. Schließlich sind Sie das Original. Damit berauben Sie sich und ihn der Chance, dass er es besser machen könnte als Sie selbst.

Bewahren Sie sich die Chance, dass Ihr Mitarbeiter etwas besser kann als Sie selbst!

Viele Mitarbeiter sind jedoch so an autoritäre Führung gewohnt, dass Sie möglicherweise zu Beginn etwas überfordert wirken, wenn Sie mit einem Mal selbst Entscheidungen treffen sollen. Doch vertrauen Sie mir: Die Guten gewöhnen sich rasch daran, und die Schlechten sollten Sie über kurz oder lang ohnehin gegen Gute austauschen. Gerade die Übertragung von Verantwortung zeigt recht schnell, wer ein Guter ist und wer nicht.

29

# Mitarbeiterbindung durch Lob

Würde ich aus meiner Beraterpraxis nicht wissen, wie schwer es manchen Chefs fällt, Ihre Mitarbeiter zu loben, wäre ich wohl gar nicht auf die Idee gekommen, dass es notwendig und hilfreich ist, eigens einen Tipp zum Thema Lob zu schreiben. Dabei ist Lob ein vorzügliches Motivationsmittel und bestens geeignet zur Bindung der Mitarbeiter.

Hüten Sie sich vor dem Gedanken, Sie müssten nicht loben, schließlich würden Sie Ihre Leute ja ordentlich bezahlen.

### Mehr als Geld wünschen Menschen sich Anerkennung!

Dieser Aspekt wird unterschätzt – zum Nachteil der Mitarbeiter und des Betriebes – und damit auch des Chefs oder der Chefin. Denn die Qualität der geleisteten Arbeit hängt stark von der inneren Haltung der Mitarbeiter ab. Natürlich kann man – gerade in Zeiten hoher Arbeitslosigkeit - auch mit Angst als Motivationsmittel arbeiten. Begeisterte Mitarbeiter, die Ihren Dienst am Gast mit großer Herzlichkeit leisten, werden Sie damit nicht bekommen.

### Loben ist ganz einfach: Sie müssen es nur tun!

Betrachten Sie es nicht als Selbstverständlichkeit, dass Ihre Leute Tag für Tag einen guten Job machen. Und kommen Sie nicht auf die Idee, Ihre enorme eigene Arbeitsleitung dagegen zu setzen. Dafür sind Sie der Chef!

Wenn Sie Ihre Mitarbeiter von Zeit zu Zeit dafür loben, dass Sie das Tagesgeschäft sehr gut erledigen, erhalten Sie einen weiteren Vorteil von höchstem Wert: Man hört Ihnen zu!

Menschen lieben es, wenn sie gelobt werden. Und einem Chef, der lobt, hört man auch dann aufmerksam zu, wenn er einmal Kritik übt. Ein ewiger nörgelnder Boss hingegen erreicht seine Leute nicht.

AUFWAND:
KOSTENLOS

NUTZEN:
MITARBEITER SIND BESSER MOTIVIERT, LEISTUNGSFÄHIGER UND SOLIDARISCHER ZUM BETRIEB

UMSETZBARKEIT:
SOFORT

30

Aufwand:
Sie müssen Zeit aufwenden und etwas Geld

Nutzen:
Gestärkte Loyalität der Mitarbeiter

Umsetzbarkeit:
so bald als möglich

# Party statt Lohnerhöhung

Geld wird als Motivationsmittel bei weitem überschätzt. Unzufriedenheit mit dem Gehalt gehört nicht zu den Hauptgründen, warum Mitarbeiter kündigen. Viel wichtiger ist es, in welchem Maße sich die Menschen dort wohl fühlen, wo sie arbeiten.

Die Menschen müssen sich an ihrem Arbeitsplatz wohl fühlen!

Es ist eine erwiesene Tatsache, dass den meisten berufstätigen Menschen ein gutes Betriebsklima wichtiger ist als die Höhe des Gehalts. Das ist auch nicht verwunderlich, schließlich verbringen wir alle einen erheblichen Teil unserer Lebenszeit am Arbeitsplatz. Wenn das Betriebsklima sehr schlecht ist und man mit Chefs und Kollegen nicht zurande kommt, führt man ein hartes Dasein. Immer wieder ist zu lesen, dass Menschen sogar Selbstmord begehen, wenn sie beispielsweise Opfer schweren Mobbings werden. Dass Leute sich vor den Zug werfen, weil es keine Gehaltserhöhung gibt, ist mir hingegen nicht bekannt.

Ein schlechtes Betriebsklima ist nicht durch ein höheres Gehalt aufzuwiegen!

Aber es muss nicht gleich so dramatisch werden. Hier soll eher der Aspekt der Mitarbeiterbindung ins Visier genommen werden. Menschen, die sich an ihrem Arbeitsplatz wohl fühlen, wollen diesen in aller Regel behalten, selbst wenn woanders ein bisschen mehr zu verdienen wäre.

Dagegen versuchen viele Arbeitgeber ihre Mitarbeiter durch erhöhte Lohnzahlungen zu binden. Dieser Weg ist nicht besonders vielversprechend, weil er nicht automatisch das Wohlbefinden des Mitarbeiters stützt. Außerdem ist das Ganze sehr teuer. Hinzu kommt, dass die Wirkung einer Lohnerhöhung schnell verpufft. Das höhere Gehalt ist spätestens nach drei Monaten eine Selbstverständlichkeit.

Es ist schwierig und unter Umständen teuer, Mitarbeiter, die sich im Betrieb nicht wohl fühlen, über erhöhte Lohnzahlungen ans Haus zu binden. Ein gutes Betriebsklima ist weit wirkungsvoller.

Selbstverständlich müssen Sie für dieses gute Betriebsklima etwas tun. Sorgen Sie dafür, dass sich Ihre Mitarbeiter nicht nur die Arbeit teilen, sondern hin und wieder auch zusammen Spaß haben und feiern.

Nehmen Sie Ihre Crew mit auf ein Konzert oder zu einem Fußballspiel. Organisieren Sie eine Party oder einen schönen Betriebsausflug: Ein gemeinsames Grillfest schafft mehr Loyalität als 100 Euro mehr auf der Gehaltsabrechnung.

Gemeinsame Aktivitäten stärken das Wir-Gefühl der Mitarbeiter!

Natürlich bedeutet das nicht, dass Sie Ihre Leute dauerhaft schlecht bezahlen können, wenn Sie sie nur hin und wieder in die Disco einladen, aber Sie verlieren Ihre Leute nicht gleich, nur weil ein Mitbewerber ein bisschen höhere Löhne bezahlt. Und sollte Ihr Betrieb je in eine Krise geraten, in der Sie mehr von Ihren Leuten fordern müssen als üblich, funktioniert das nur, wenn das Betriebsklima stimmt.

31

Aufwand:
Erarbeitung eines Fragebogens; Gespräch mit Steuerberater, Kosten für Restaurant und Hotel

Nutzen:
Informationen über Konkurrenz; Belohnung guter Mitarbeiter

Umsetzbarkeit:
kurzfristig

# Konkurrenzbeobachtung als Belohnung

Wie gut kennen Sie eigentlich Ihre Mitbewerber? Wissen Sie, was man als Gast bei Ihren Konkurrenten erlebt? Nutzen Sie die Möglichkeit aus den Stärken, aber auch aus den Fehlern anderer zu lernen?

Mit welchen Mitteln belohnen Sie auf der anderen Seite die Mitglieder Ihres Teams für besondere Leistungen? Zahlen Sie einen Bonus aus, von dem Steuer und Sozialversicherung den Großteil wieder wegfressen? Oder stecken Sie Ihrem Mitarbeiter stattdessen schwarz ein paar Scheine zu und machen sich selbst strafbar, damit andere sich freuen?

Die meisten Menschen freuen sich über ein sinnvolles Sachgeschenk meist mehr als über Geld, denn Geld verschwindet einfach in den Mühlen des Alltags. Allerdings hat die Sache mit den Sachgeschenken einen Haken:

Sachgeschenke sind geldwerter Vorteil und daher zu versteuern!

Wenn Sie Ihrem Mitarbeiter aber ein Geschenk machen, und ihm dafür ein Teil des Wertes als abzuführende Lohnsteuer vom Gehalt einbehalten, werden Sie wenig Freude verbreiten.

Es gibt allerdings einen Weg, wie Sie gleichzeitig Mitarbeiter belohnen und die Konkurrenz beobachten können und das Ganze obendrein als Betriebsausgaben verbuchen können:

Belohnen Sie Ihre verdienten Mitarbeiter mit Konkurrenzbeobachtung!

Spendieren Sie Ihrem Teammitglied, am besten zusammen mit Partner oder Partnerin, ein Essen im Restaurant eines Konkurrenten oder eine Nacht im Hotel eines Mitbewerbers. Entwickeln Sie einen Fragebogen, auf dem aufgelistet wird, was Sie gerne wissen möchten.

Das können ganz unterschiedliche Dinge sein, beispielsweise:

- ✓ Wie ist das Preisniveau der Speisekarte?
- ✓ Hat der Betrieb ein besonderes Konzept? Wie zeigt es sich? Wie konsequent wird es verfolgt?
- ✓ Wie ist die Servicequalität?
- ✓ Wird aktiv am Tisch verkauft?
- ✓ Wie schnell erhalte ich meine Speisen und Getränke?

Oder im Hotel:

- ✓ Wie werde ich als Gast begrüßt?
- ✓ Wie ist die Ausstattung der Zimmer? Wie sauber ist es?
- ✓ Wie ist die Qualität des Frühstücks? Ab wann kann man frühstücken?

Es sind natürlich viele weitere Fragen möglich, je nachdem, was Sie besonders interessiert. Zwei weitere Fragen sollten jedoch auf keinem Fall fehlen:

- ✓ Was können wir von dem Betrieb lernen?
- ✓ Welche Fehler des Betriebes müssen wir selbst vermeiden?

Fehler anderer erkennen wir leichter als eigene!

Gerade deshalb können Ihre Mitarbeiter daraus viel lernen. Denn als Gast stören einen möglicherweise Dinge, die einem als Beschäftigten gar nicht auffallen.

Natürlich muss der Mitarbeiter nach dem Besuch beim Konkurrenzbetrieb den ausgefüllten Fragebogen bei Ihnen abliefern. Sie erhalten dadurch wertvolle Informationen, und der Restaurant- oder Hotelbesuch war dienstlich. Trotzdem freut sich Ihre Servicekraft oder Ihre Köchin, wenn sie zusammen mit ihrem Lebenspartner einen schönen Abend verleben kann. Es verlangt ja niemand, dass man bei der Arbeit leiden muss.

Sie erhalten Informationen und zufriedene Mitarbeiter!

Sprechen Sie mit Ihrem Steuerberater, ehe Sie loslegen, um alle Formalitäten zu erfüllen.

AUFWAND:
KOSTET ZEIT UND GELD

NUTZEN:
MITARBEITER SIND QUALIFIZIERTER UND MOTIVIERTER

UMSETZBARKEIT:
IMMER WIEDER VON ZEIT ZU ZEIT

# Mitarbeiter
## regelmäßig schulen

Zu Recht verlangen Sie von Ihren Mitarbeitern gute Leistungen. Diese können aber nur erbracht werden, wenn die Teammitglieder ausreichend motiviert sind und wenn sie über das nötige Know-How und die dazugehörigen Fertigkeiten verfügen.

Selbst bei gut ausgebildetem Personal genügt es nicht, es bei dem einmal Gelernten zu belassen. Denn einerseits wandeln sich Anforderungen im Laufe der Zeit, und andererseits nutzen sich gewohnte Arbeitsgänge ab, werden manchmal schlampiger und ungenauer. So entsteht eine nachlassende Servicequalität, die den Mitarbeitern im Grunde gar nicht angelastet werden kann, und die vielleicht auch Sie nicht bemerken, weil der Prozess schleichend ist. Sie verlieren langsam an Boden, ohne dass Ihnen das auffällt.

Sie müssen dem schleichenden Verlust der Qualität entgegenwirken!

Einer solchen Entwicklung müssen Sie natürlich entgegenwirken. Dafür gibt es ein einfaches, aber sehr wirksames Mittel: Wenn Sie wollen, dass Ihre Mitarbeiter dauerhaft Leistung in Top-Qualität erbringen, ist es erforderlich, die Mitarbeiter regelmäßig zu schulen.

Hierbei gibt es natürlich ein weites Feld an Möglichkeiten. Köche sollten von Zeit zu Zeit über den Rand ihrer Töpfe gucken, und neue Entwicklungen der Kochszene, aber auch der Küchentechnik entdecken können. Servicekräfte sollten von Zeit zu Zeit ein Verkaufstraining besuchen, um neue Anregungen und Motivation mitzunehmen. Wer im Hotel für Zimmerverkauf zuständig ist, muss ohnehin gut ausgebildet sein und professionelle Verkaufsschulungen besuchen und sich darüber hinaus vielleicht coachen lassen.

Dadurch, dass Sie Ihren Mitarbeitern Weiterbildung zukommen lassen, schaffen Sie sich nicht nur ein hoch qualifiziertes Team, sondern ebenso hoch motivierte Mitarbeiter, die sich Ihrem Unternehmen verbunden fühlen.

Weiterbildung schafft Qualität, Motivation und Bindung ans Unternehmen!

Zusammengenommen sind das unschätzbare Erfolgsfaktoren, sie sich auch in Ihren Zahlen niederschlagen werden.

# Offenheit

## gegenüber Mitarbeitern

Wenn wir das Wort „Mitarbeiter" ganz wörtlich nehmen, wird deutlich, dass es sich dabei um Menschen handelt, die mit einem arbeiten, wobei dieser „eine" im Betrieb eben der Chef ist. Doch sollte in der Bedeutung nicht nur enthalten sein, dass der Mitarbeiter mit Ihnen arbeitet, sondern dass dieses Miteinander auch umgekehrt gilt. Auch Sie müssen dieses „mit" pflegen und dürfen keinesfalls ein „gegen" daraus machen. Schon das Wortspiel verdeutlicht das: Möchten Sie etwa „Gegenarbeiter" in Ihrem Betrieb haben?

### Mitarbeiter arbeiten miteinander!

Ein wichtiges Element des Miteinanders ist die Offenheit. Leider glauben viele Chefs, dass es wichtig und richtig sei, Zahlen, aber auch unternehmerische Überlegungen vor dem Personal geheim zu halten.

„Management by Champignon" nennt man diese Form der Mitarbeiterführung: „Halte sie klein, bedecke sie mit Mist, und wo ein Kopf heraus schaut, schneide ihn ab!" Ein gedeihliches Zusammenwirken, eine Loyalität der Mitarbeiter, ein motiviertes Team ist so nicht zu erreichen.

### Geheimniskrämerei ist ein Motivationskiller!

Besonders vor der Offenheit im Umgang mit betriebswirtschaftlichen Zahlen haben viele Unternehmer Angst. Dabei gibt es wenig zu befürchten, aber manches zu erhoffen. Höchstens wenn Sie ein übler Leuteschinder sind und auf dem Rücken ihrer geknechteten Mannschaft selber riesige Gewinne erwirtschaften, würde ich Ihnen davon abraten, die Zahlen offen zu legen. Der Normalfall sieht jedoch anders aus: In Wahrheit stellen sich Mitarbeiter die Gewinne Ihrer Chefs meist weit höher vor, als sie wirklich sind. Eventuellem Neid kann so leicht entgegengewirkt werden.

AUFWAND:
GERING

NUTZEN:
ERHÖHTE MOTIVATION DER MITARBEITER

UMSETZBARKEIT:
JEDERZEIT

### Keine Angst vor Offenheit mit Zahlen!

Sehr hilfreich ist Offenheit auch in schwierigen Zeiten. Bei so manchem Kunden habe ich erlebt, dass die Mitarbeiter durchaus zu besonderen Leistungen und zu Mehrarbeit bereit sind, wenn man in der Krise die Karten offen auf den Tisch legt.

Genauso sollte das Team auch über unternehmerische Planungen informiert sein. Wer ständig im Dunkeln gehalten wird, hat Angst und ist verunsichert. Das wirkt sich ohne Frage negativ auf Motivation und Arbeitsleistung aus.

Machen Sie es sich also zur Gewohnheit, Ihre Mannschaft von Zeit zu Zeit zusammen zu trommeln, und auf den neuesten Stand der Dinge zu bringen!

34

Aufwand:
Entwicklung eines teamorientierten Prämiensystems; Schulung der Mitarbeiter

Nutzen:
Umsatzsteigerung, verbessertes Teamwork

Umsetzbarkeit:
mittelfristig; benötigt Vorarbeiten

# Teamprämie

## als Leistungsmotor

Prämien und Boni sind in Hotellerie und Gastronomie ein gefährliches Instrument. Überall da, wo hochwertige Dienstleistungen zu erbringen sind, wo es gilt, Gast und Kunden zufrieden zu stellen, müssen alle an einem Strick ziehen. Die Teamarbeit muss funktionieren. Was aber passiert, wenn ein Prämiensystem installiert wird, das auf den einzelnen Mitarbeiter abzielt?

Wenn die Servicekraft ihr individuelles Einkommen durch erhöhten Umsatz steigern kann, wird sie sich nicht um Schwierigkeiten von Kollegen kümmern, sondern nur um ihre eigenen Tische. Was in einem anderen Revier passiert, interessiert dabei nicht. Der Gast am Nebentisch ist möglicherweise unzufrieden, die Serviceleistung des Betriebes verschlechtert sich und damit über kurz oder lang auch die Umsätze.

Ist es wirklich sinnvoll, wenn Mitarbeiter, die nur ihr eigenes Vorankommen interessiert, dafür auch noch eine Belohnung erhalten?

Individuelle Prämiensysteme zerstören das Teamwork und schaden so dem ganzen Betrieb!

Richtig eingesetzt können Prämien ein starker Leistungsmotor sein, nämlich dann, wenn die Prämien an Teams vergeben werden und nicht an einzelne Mitarbeiter. Ein Beispiel zeigt, wie und warum das funktioniert:

Nehmen wir an, Sie wollen den Aperitif-Verkauf ankurbeln. Dafür sind Sie bereit, den Servicekräften einen Teil der zusätzlichen Umsätze als Bonus zukommen zu lassen. Um einen Anreiz zu schaffen, loben Sie aber nur für den Fall Prämienzahlung aus, dass mindestens 25 % der Speisengäste einen Aperitif trinken. Wenn nun jeder für sich kämpft, interessiert sich jeder nur noch für seine eigenen Aperitif-Umsätze. Wer glaubt, die geforderte Quote von 25 % nicht zu schaffen, bemüht sich auch nicht weiter, und die Aushilfen, die nur für das Heranbringen der Speisen und das Abräumen der Tische zuständig sind, ärgern sich, dass sie am Prämiensystem nicht teilhaben können.

Kein Mitwirkender darf vom Team ausgeschlossen sein!

Ganz anders sieht die Sache aus, wenn Sie die gesamte Mannschaft, die an einem Abend im Service arbeitet, als ein Team sehen. Vergleichen wir die Sache mit einer Fußballmannschaft: Stellen Sie sich vor, ein Spieler würde nur dann eine Prämie erhalten, wenn er Tore schießt. Seine Motivation, mit vollem Einsatz in der Abwehr zu rackern, um Gegentore zu verhindern wäre gleich Null. Jeder würde nach vorne stürmen, um Tore zu schießen, egal, wie oft der Ball im eigenen Tor landet.

Aus diesem Grund zahlen Profi-Clubs auch keine Prämien für Tore, sondern für Siege! Weil dann drei Dinge gewährleistet sind: Belohnung gibt es nur, wenn das ganze Team gewinnt, jeder trägt seinen Teil zum Erfolg bei, und - ganz wichtig! - jeder hilft jedem, und wer nur mit halber Kraft spielt, kriegt ordentlich Druck von seinen Kollegen. Schließlich wissen alle: Eine Prämie gibt es nur beim Sieg!

Übertragen Sie das auf Ihren Betrieb. Die komplette Service-Crew ist das Team. Die ausgeschriebene Erfolgsquote muss insgesamt erreicht werden, und nur dann gibt es Prämien. Dann passiert das Gleiche wie in der Fußballmannschaft: Alle halten zusammen, weil sie wissen, dass sie nur gemeinsam Erfolg haben werden, und alle achten darauf, dass sich keiner vor der Arbeit drückt. Die Mitarbeiter motivieren sich gegenseitig, was Ihnen viel Mühe und Aufwand erspart.

Im Team motivieren sich die Spieler gegenseitig!

Wichtig ist, dass möglichst niemand ausgeschlossen bleibt, weder die Buffetkraft, noch die Aushilfen. Wenn das Team sein Ziel erreicht, müssen alle belohnt werden.

Natürlich müssen bei allen Prämienregeln Regularien gefunden werden, unter welchen Umständen es Boni gibt und in welcher Höhe. Bei letzterem gilt es zu bedenken, dass Sie nur etwas vom Rohertrag, also dem erzielten Überschuss nach Abzug des Wareneinsatzes abgeben können, und dass der Sinn der Sache natürlich darin liegt, das Betriebsergebnis zu steigern. Von daher gibt es natürlich Grenzen in der Höhe der Prämie.

Auf der anderen Seite muss das System für die Mitarbeiter attraktiv bleiben. Keiner wird sich mächtig ins Zeug legen, um am Ende des Tages einen Euro Prämie zu erhalten.

Auch die Höhe der Prämien ist für den Erfolg wichtig!

Eine Patentlösung für alle gibt es nicht. Das System muss den jeweiligen Voraussetzungen angepasst werden. Aber es hat sich in der Praxis bewährt und führt zu spürbaren Umsatz- und Gewinnsteigerungen. Es lohnt sich!

35

**Aufwand:**
Emotionale Reaktion unterdrücken und auf Gespräch vorbereiten

**Nutzen:**
Gespräch läuft sachlich; Gräben werden nicht weiter aufgerissen

**Umsetzbarkeit:**
bei jedem Fehlverhalten, über das intensiv gesprochen werden muss

# Mitarbeitergespräch bei Fehlverhalten

Niemand ist perfekt, und so machen wir alle bei der Arbeit auch Fehler. Das müssen wir auch unseren Mitarbeitern zugestehen. Aber es gibt Fehler und Fehler. Es gibt einmalige Patzer und Unaufmerksamkeiten, die der Alltag mit sich bringt – und es gibt Verhaltensweisen, die inakzeptabel sind und unbedingt korrigiert werden müssen.

Wenn Ihnen beispielsweise mehrfach zu Ohren kommt, dass eine Servicekraft unfreundlich zu den Gästen ist, Sie das vielleicht sogar schon einmal selbst beobachtet haben, können Sie das nicht auf sich beruhen lassen. Ein cholerischer Anfall hilft Ihnen da allerdings nicht weiter, auch wenn Ihnen – je nach dem, was für ein Typ Sie sind – möglicherweise der Sinn danach steht. Ein Mitarbeiter, der angebrüllt wird, mag zwar kurzfristig sein Verhalten ändern, aber nur aus Angst und nicht aus Einsicht. Seine Freude an der Arbeit nimmt dabei sicher nicht zu. Aber möglicherweise liegt genau da das Problem.

## Lösen Sie Probleme sachlich, nicht emotional!

Natürlich besteht kein Zweifel daran, dass Sie die Sache möglichst bald zur Sprache bringen müssen. Deshalb sollten Sie den Mitarbeiter auch unverzüglich ansprechen und ihm sagen, dass Sie mit ihm über sein Verhalten den Gästen gegenüber sprechen möchten. Führen Sie das eigentliche Gespräch aber nicht sofort, sondern terminieren Sie die Unterredung und befolgen Sie dabei nach Möglichkeit eine Zeitregel: Warten Sie mit der Aussprache nach Möglichkeit nicht länger als 3 Tage, aber mindestens einen. Den einen Tag sollten Sie sich und dem Mitarbeiter geben, damit Sie sich sachlich über das Thema unterhalten können und nicht nur einen emotionalen Ausbruch haben.

Überlegen Sie sich vor dem Gespräch, was Sie erreichen wollen: Sie wollen, dass der Mitarbeiter sein Verhalten ändert. Es geht also nicht darum, ihn zu bestrafen oder zu demütigen. Auch der Mitarbeiter wird sich seine Gedanken machen. Er weiß ja oder ahnt zumindest, was Sie von ihm erwarten.

Sorgen Sie nach Möglichkeit für eine angenehme Gesprächsatmosphäre. Jede Barriere, die Sie aufbauen, senkt die Wahrscheinlichkeit, dass Sie den Mitarbeiter in Ihrem Sinne beeinflussen können. Wenn Ihr Gegenüber sich innerlich einigelt, weil Sie ihm Angst machen, erreichen Sie ihn nicht mehr.

Barrieren stehen der Einsichtsfähigkeit entgegen!

Begrenzen Sie das Gespräch auf höchstens 10 Minuten. Alles andere wird nur Geschwätz. Tragen Sie zu Beginn vor, was Ihnen zu Ohren gekommen und was Sie selbst beobachtet haben. Verdeutlichen Sie, dass Sie dieses Benehmen nicht tolerieren können, weil es die Gäste verärgert und damit Schaden über den Betrieb bringt.

Hüten Sie sich aber davor, einen Monolog zu halten. Lassen Sie auch den Mitarbeiter seine Sicht der Dinge vorbringen. Halten Sie sich aber nicht zu lange mit dem Vergangenen auf. Ihnen geht es darum, dass die Fehler künftig unterbleiben. Die Vergangenheit können Sie ohnehin nicht korrigieren.

Geben Sie sich aber keinesfalls mit Ausflüchten zufrieden. Machen Sie deutlich, dass Sie das Verhalten selbst beobachtet haben, oder dass Gäste sich beschwert haben.

Nicht selten liegen die Auslöser für das Fehlverhalten gar nicht im Betrieb, sondern im Privaten der Arbeitskraft. Fragen Sie, ob privat alles klar ist, oder ob es Ärger gibt, der belastend auf die Arbeit wirkt.

Private Probleme führen zu Fehlverhalten im Betrieb!

Geben Sie der Servicekraft die Chance, selbst an der Lösung mitzuarbeiten. Fragen Sie: „Was können wir tun, dass sich das nicht wiederholt?“ Wenn Sie glauben, dass der Mitarbeiter einsichtig ist, und bereit, sein Verhalten zu ändern, dann fassen Sie das Erreichte noch einmal kurz zusammen.

Beenden Sie das Gespräch freundlich und positiv, verbunden mit der Erwartung, dass man sich über dieses Problem nicht mehr unterhalten müsse. So können Sie einen einsichtswilligen Mitarbeiter wieder enger an Ihren Betrieb bitten. Sollten Sie jedoch im Gespräch auf taube Ohren stoßen, werden Sie um eine Abmahnung nicht herumkommen.

36

# Heimliche Chefs – Umgang mit „unentbehrlichen“ Mitarbeitern

Haben Sie auch einen unentbehrlichen Mitarbeiter? Jemanden, auf den Sie nicht verzichten können – und der das ganz genau weiß?

Mir sind derlei Fälle zur Genüge bekannt. Mehr als einmal habe ich in Betrieben erlebt, dass beispielsweise ein Koch oder ein Restaurantleiter teilweise im Stile einer Diva seine Interessen gnadenlos durchsetzt. Die Basis ihres Handelns war stets die Gewissheit, sich seines Arbeitsplatzes und seiner Machtposition sicher zu sein.

Wenn ich die Betriebsinhaber kopfschüttelnd fragte, warum sie sich das bieten lassen, bekam ich in zerknirschtem Ton zu hören, dass man auf den Mitarbeiter angewiesen sei – aus welchem Grund auch immer.

Und jedes Mal stelle ich den Unternehmern in einer solchen Situation die gleiche Frage, und sie ist fast immer der erste Schritt zur Lösung des Problems.

Würden Sie Ihren Betrieb schließen, wenn der betreffende Mitarbeiter morgen mit dem Auto verunglücken würde?

Damit hier kein Missverständnis entsteht: Natürlich wünschen wir dem Mitarbeiter Gesundheit und ein langes Leben. Der gedankliche Ansatz ist ein anderer: Selbstverständlich würde es irgendwie weitergehen, und man würde sogar für unentbehrliche Mitarbeiter Ersatz finden.

Also kann man getrost die Konfrontation mit den heimlichen Chefs des eigenen Betriebes suchen: Entweder er lenkt ein oder er geht. Im letzten Fall machen wir genau das, was wir auch tun müssten, wenn wir ihn durch einen Unfall verloren hätten. Wir suchen und finden Ersatz. Und was einem neuen Mitarbeiter anfangs an Qualifikation fehlen mag, macht er wahrscheinlich durch die höhere Loyalität wett.

Machen Sie sich bewusst, dass jeder Mensch ersetzbar ist, und Sie werden wieder Chef im eigenen Betrieb

Absolut niemand ist unentbehrlich. Das gilt für uns, wie für die Mitglieder unserer Teams. Niemand sollte sich lange über illoyales Personal ärgern.

AUFWAND:
SELBSTBEWUSSTSEIN UND ENTSCHLOSSENHEIT

NUTZEN:
CHEF SEIN IM EIGENEN BETRIEB

UMSETZBARKEIT:
BEI BEDARF

# ✓ Marketing

Tipps, Tricks
&
Anregungen

Aufwand:
erheblicher Aufwand an Zeit und möglicherweise auch Kosten

Nutzen:
ohne klares Konzept ist längerfristiges Bestehen am Markt sehr schwierig

Umsetzbarkeit:
schnellstens anpacken, wenn noch kein klares Konzept existiert

# Klare Konzepte fahren

Seit Jahren stagnieren die Umsätze in der Gastronomie, und manches Jahr musste die Branche sogar Rückgänge hinnehmen. Zugleich stieg die Zahl der Betriebe. Das heißt immer mehr Esser wollen sich am selben Kuchen sättigen. Ein knallharter Verdrängungswettbewerb ist die Folge, und genau diesen erleben wir in Gastronomie und Hotellerie.

Jeder Gastronom und jeder Hotelier muss zusehen, wie er bei diesen Anforderungen besteht, Wer alles so lässt, wie es ist, wird mit hoher Wahrscheinlichkeit über kurz oder lang zu den Verlierern gehören und seinen Laden eines Tages schließen müssen.

Wer aber zu den Gewinnern zählen möchte, muss sich einer ganz zentralen Frage stellen:

Warum soll der Gast sein Geld gerade zu Ihnen tragen, wenn er viele Möglichkeiten hat, es woanders auszugeben?

Die Frage mag auf den ersten Blick banal wirken, aber sie hat es in sich. Sie fragt nämlich nach, was Sie und Ihr Haus an Besonderem, an Unverwechselbarem zu bieten haben, Faktoren, die Sie klar von Ihren Mitbewerbern abheben.

Ihr Ziel muss sein, auf einem Gebiet der Beste zu werden. Um es überspitzt zu sagen: Wenn es Ihnen gelingt, ein Thema exklusiv zu besetzen, sind Sie damit automatisch der Beste!

Natürlich können Sie auch als Franchisenehmer ein bewährtes Konzept übernehmen, das ist keine Frage. Ein individuelles Konzept hingegen müssen Sie selbst entwickeln, und dafür brauchen Sie ein positiv besetztes Thema.

### Was will ich Gutes tun?

Mit dieser für viele etwas überraschenden Frage leite ich üblicherweise Konzeptberatungen ein. Ich ziele mit meiner Frage nicht oberflächlich auf wohltätiges Handeln ab, wohl aber darauf, dass das Thema des Konzeptes von allgemeinem Interesse sein sollte. Die Leute sollen es gut finden, dass Sie das tun, was Sie tun.

Ihr Konzept sollte also nach Möglichkeit mehr sein, als nur eine mehr oder weniger clevere Idee, um Leuten das Geld aus der Tasche zu ziehen. Derlei Bemühen mag eine Weile funktionieren, aber nach und nach werden Sie mit negativer Mundpropaganda zu kämpfen haben, und Medienarbeit ist damit kaum realisierbar.

Wählen Sie hingegen ein positives Thema, in dem Sie beispielsweise auf alte Traditionen setzen, auf regionale Produkte, oder indem Sie z. B. alte Geschichten und Sagen Ihrer Gegend in ihr Konzept einbinden, dann sind Sie wahrscheinlich auf dem richtigen Weg.

Eugen Oberle vom Saschwaller Burehus in Sasbachwalden setzt auf seine bäuerliche Herkunft. In einem alten Fachwerkhaus, das tatsächlich lange Zeit ein Bauernhof war, setzt er auf einfache Kost in rustikaler Atmosphäre – und hat großen Erfolg damit bei kleinem Einsatz.

Die Themenfindung ist allerdings ein schwieriger Prozess, der ohne Unterstützung von außen meistens kaum möglich ist. Das liegt häufig daran, dass die Betreiber eines Hauses dessen Besonderheiten selbst nicht als Besonderheiten erkennen, weil sie ihnen zu selbstverständlich sind. Ich erinnere mich an einen Kunden, dessen Gaststätte erstmals 1596 urkundlich als Schänke erwähnt ist und seither in einer Familie gehalten wird. Das Profilierungsthema „lange Tradition“ springt einen förmlich an, aber der Betreiber selbst sah seine außergewöhnliche Geschichte gar nicht so außergewöhnlich, kannte er das Ganze doch nicht anders.

**Die Themenfindung klappt häufig nur mit Hilfe von außen!**

Nicht immer ist die Themenfindung so einfach, aber so oder so muss man sich für ein Thema entscheiden. Denn ein Thema kann nur dann erfolgreich sein, wenn es klar umrissen ist und konsequent verfolgt wird. Wie ich eingangs sagte: Versuchen Sie nicht, von allem ein bisschen zu haben, sondern seien Sie auf einem Gebiet der Beste! Schärfen Sie Ihr Profil im Laufe der Zeit immer mehr! Dadurch holen Sie sich einen Wettbewerbsvorsprung, der es eventuellen Nachahmern sehr schwer macht, zu Ihnen aufzuschließen oder gar Sie zu überholen.

Je klarer und schärfer Ihr Konzept mit positivem Thema ist, umso leichter werden Sie damit Erfolg haben.

38

Aufwand:
Entweder passendes Programm oder kostenintensive Verpflichtung von Künstlern o.Ä.

Nutzen:
Meist sehr gute Werbewirkung; evtl. deutliche Belebung des Gruppengeschäftes

Umsetzbarkeit:
Innerhalb weniger Wochen

# Erlebnismenüs – Motor für Mundpropaganda

Es gibt keine wirksamere Reklame für Ihren Betrieb als eine positive Mundpropaganda. Wenn die Leute gut über Sie reden, bringt Ihnen das mehr als jede noch so aufwändige (und damit teure) Form von Werbung.

Damit die Leute das aber auch tun, muss eine wichtige Voraussetzung erfüllt sein: Es muss etwas geben, worüber es sich zu reden lohnt. Das ist aber keineswegs immer und überall der Fall.

Auch heute noch bieten viele Restaurants nicht mehr als nur Speisen und Getränke!

Speisen und Getränke anzubieten, ist entschieden zu wenig. Im Tipp Klare *Konzepte fahren* steht Näheres darüber. Der Gast sucht ein Erlebnis und wenn er das bekommt und wenn es etwas ist, das ihm Spaß macht und einen besonderen Abend beschert ist dem Gastwirt nicht nur eine positive, sondern sogar eine aktive Mundpropaganda sicher.

Bei aktiver Mundpropaganda erzählt der Gast von sich aus über Ihren Betrieb

Genau das muss Ihr Ziel sein: Sorgen Sie dafür, dass Ihre Gäste nicht nur zufrieden sind, sondern begeistert! Ein probates Mittel, das zu erreichen, ist ein Erlebnismenü. Es handelt sich dabei um eine Mischung aus einem mehrgängigen Menü und einem unterhaltsamen Abendprogramm. Dabei gibt es für Letzteres unterschiedliche Möglichkeiten, von denen einige im Tipp *Erlebnismenü mit Externen* kurz beschrieben werden.

Doch zuvor sollen die Vorteile eines Erlebnismenüs dargestellt werden. Grundsätzlich lassen sich zwei Arten von Erlebnismenüs unterscheiden: Diejenigen, bei denen die Gäste lediglich Publikum einer unterhaltsamen Vorführung sind, und diejenigen, bei denen sie unmittelbar mit ins Geschehen eingebunden werden.

Im ersten Fall können Sie Musiker, Schriftsteller, Zauberer, Artisten oder andere Künstler auftreten lassen. Allerdings fallen dafür normalerweise nicht unerhebliche Honorare an, welche die Rentabilität einer solchen Veranstaltung schnell in Frage stellen. Hinzu kommt, dass solchen Veranstaltungen in der Regel nicht vom Gast nach für sie passenden Gelegenheiten (Firmenfeier, Geburtstag, Vereinsfeier etc.) gebucht werden können, sondern zu festgelegten Terminen abgehalten werden.

Hier liegen Erlebnismenüs, bei denen der Gast in das vom Wirt selbst durchgeführten Programm miteinbezogen wird, klar im Vorteil. Solche Veranstaltungen sind geradezu geschaffen für individuelle Gruppenbuchungen. Und sie versprechen meistens mehr Spaß. Doch sie fordern auch ein höheres Engagement des Veranstalters, also des Gastwirts. Schließlich wird in der Regel er es sein, der die Gäste durch den Abend führen muss.

Erlebnismenüs, bei denen die Gäste mit ins Programm eingebunden sind, eignen sich sehr gut für Gruppen.

Natürlich ist darauf zu achten, dass die Themen solcher Erlebnismenüs nach Möglichkeit nicht nur irgendwie zum Gesamtkonzept des Hauses passen, sondern dieses im Idealfall sogar möglichst gut ergänzen. Das bedeutet freilich, dass man einige Anstrengungen unternehmen muss, um ein sowohl unterhaltsames als auch zum Konzept des Hauses passendes Programm zu entwickeln. Ist das gelungen, können Sie sich des Erfolges sicher sein.

In hervorragender Weise wird dies im Saschwaller Burehus in Sasbachwalden mit dem Bauernsonntag umgesetzt, bei dem die Teilnehmer gemäß dem Titel der Veranstaltung ein sonntägliches Essen auf einem Bauernhof spielen. Neben einfachem und deftigem Essen ist durch ein Rollenspiel für Spaß gesorgt und zum Trinken gibt es ausreichend Gelegenheit.

Ähnlich funktionieren das Kutscherfest im Gasthaus „Alte Poststation“ in Halle, oder das Alphüttefescht beim Schweizer Hotel an der Glatt, bei dem sich die Gäste als Höhepunkt des Abends am Alphorn versuchen dürfen.

Für Stimmung ist auf jeden Fall gesorgt, und genau die ist es, die die Gäste dazu bringt, später begeistert davon zu erzählen.

39

Aufwand:
Geld und Zeit für Planung

Nutzen:
besonderes Angebot für Gäste

Umsetzbarkeit:
mittelfristig

# Erlebnismenüs

## mit Externen

Hier möchte ich einige Beispiele für Erlebnismenüs anführen, bei denen externe Darbieter das Programm bestreiten und der Gastronom den Rahmen in Form eines schönen Mehrgangmenüs bietet:

### Literaturabend I

Wenn Sie das passende Publikum haben, bietet eine Dichterlesung ein sehr schönes Programm für einen gelungenen kulinarischen Abend. Lesung und Speise wechseln sich ab. Somit gibt es Nahrung für Sinne, Herz und Geist.

Sowohl die Autoren als auch die Speisen sollten ein ansprechendes Niveau haben. Ein Paradebeispiel liefert der traditionelle Lindauer Literaturschmaus, der im Insel Hotel in Lindau seit Jahren ausgerichtet wird, und bei dem jeweils zwei Autoren mit hervorragenden Köchen um die Gunst des Publikums wetteifern.

Auf der Suche nach einem möglichen Partner für derartige Literaturveranstaltungen werden Sie im Internet fündig, z. B. unter www.ars-litterarum.de.

### Literaturabend II

Eine besondere Form des Literaturabends bieten die so genannten Krimidinners. Neben einem Mehrgangmenü bekommen die Gäste einen Kriminalfall präsentiert, bei dem sie selbst ermittelnd mitwirken können. Die Leistungen sind im Wesentlichen buchbar; es gibt dazu verschiedene Anbieter, die man z. B. findet unter www.krimidinner.de oder www.eine-leiche-zum-event.de.

### Zauberhafter Abend

Ein guter Zauberer weiß jedes Publikum zu begeistern. Und wenn es dazu noch ein ebenso zauberhaftes Menü gibt, werden die Gäste diesen Abend in wunderbarer Erinnerung behalten. Vorzüglich ist dies von Zeit zu Zeit im Landhaus Heinrich in Bad Dürckheim-Ungstein bei der 5-Sinne-Gala zu erleben, wo sich verblüffende und raffinierte Produkte moderner Kochkunst abwechseln mit nicht weniger verblüffenden Darstellungen der Zauberer.

40

# Kleine Hilfe

## für geplagte Raucher

Der gesetzliche Nichtraucherschutz hat nicht nur Raucher ins Abseits gedrängt, sondern auch so manchen Gastronomen in Schwierigkeiten gebracht. Speiselokale spüren zwar kaum etwas davon, Bierkneipen hingegen umso heftiger. Ich will mich nicht über Sinn oder Unsinn dieses Gesetzes auslassen, aber ich möchte einen Tipp anbringen, mit dem der eine oder andere den Schmerz vielleicht ein bisschen lindern kann: Den mehr oder weniger ganzjährigen Garten- bzw. Terrassenbetrieb.

### Funktioniert Außengastronomie nur im Sommer?

Ich habe das erstmals schon vor einigen Jahren bei einem Gastronomen gesehen, also zu Zeiten, als es noch gar kein Nichtrauchergesetz gab. Sein Problem war ein ganz anderes. Sein Terrassengeschäft lief gut, aber innen hatte er nur ein geringes Angebot an Plätzen. Da kam ihm irgendwann die Idee, er könne doch seine Außenplätze auch in der kälteren Jahreszeit anbieten.

Die zu ergreifende Maßnahme war einfach. Er legte auf jeden seiner Außenstühle eine dicke, kuschelige Decke und stellte eine Tafel auf, auf der zu lesen war, dass draußen auf alle Getränke 10 % Rabatt gewährt werden.

Der Erfolg stellte sich rasch ein. Wenn es nicht gerade 10 Grad minus hatte oder in Strömen regnete, wurden die Außenplätze dankbar angenommen. Bald wussten die Leute von dieser Möglichkeit und kamen schon entsprechend angezogen. Mit einer warmen Decke umhüllt, lässt es sich auch an kühlen Tagen draußen aushalten.

Für diesen Gastronomen bedeutete das zusätzlichen Umsatz. Jeder Kneipenwirt, aber auch jeder sonstige Gastronom kann dieses Vorbild annehmen, speziell im Hinblick auf den Umgang mit Rauchern.

Wenn der Raucher sich nicht abgeschoben, sondern gut behandelt fühlt, ist er zu Kompromissen bereit!

Wer die Möglichkeit hat, seinem rauchenden Gast auch draußen ein Stückchen Komfort und Gemütlichkeit angedeihen zu lassen, sollte dies unbedingt tun. Auf diese Weise kann der eine oder andere Raucher wieder als Gast gewonnen werden. Auch in Speiselokalen finden sich rauchende Gäste wohler, wenn Sie ein bisschen Bequemlichkeit vorfinden, nachdem sie zum Rauchen vor die Tür geschickt werden. Wenn der Gast zu seiner Zigarette auch noch ein Glas Bier mit nach draußen nimmt, sind alle zufrieden.

AUFWAND:
KOSTEN FÜR DECKEN

NUTZEN:
KUNDENSERVICE; MEHR UMSATZ

UMSETZBARKEIT:
KURZFRISTIG

41

AUFWAND:
VERURSACHT NICHT UNERHEB-
LICHE KOSTEN

NUTZEN:
EINE PROFESSIONELLE
SPEISEKARTE IST ABSOLUT
UNVERZICHTBAR. EIN MUSS!

UMSETZBARKEIT:
MITTELFRISTIG

# Speisekarte statt Preisliste

Kaufhäuser, Modegeschäfte, aber auch andere Läden betreiben häufig einen hohen Aufwand, um ihre Schaufenster attraktiv zu gestalten. Das ist sicher mit Kosten und Mühen verbunden, aber es lohnt sich. Denn das Auge isst mit! Für die Gastronomie sollte dieser Spruch selbstredend ganz besonders gelten. Leider trifft dies nicht immer zu. Dabei geht es hier nicht um mehr oder weniger schön garnierte Teller, sondern um das wichtigste Schaufenster eines jeden Restaurants: die Speisekarte.

## Beleidigen Sie Ihren Gast nicht mit Preislisten!

Auch wenn sie immer seltener werden: Es gibt sie nach wie vor, die traurigen, auf weißes Papier gedruckten und dann in Plastikfolie geschobenen Preislisten. Links kann man die Namen der Gerichte ablesen und rechts den Preis, damit alles seine Ordnung hat. Wer seine Produkte so lieblos präsentiert, darf sich nicht wundern, wenn ihm auch von Seiten der Gäste wenig Liebe und vor allem wenig Geld entgegen kommen. Schließlich beleidigt ein solcher Gastronom im Grunde seinen Gast, für den er sich nicht einmal die Mühe macht, die Speisen und Getränke in ansprechender Weise zu präsentieren.

Dabei ist eine Rechts-Links-Aufteilung wie oben beschrieben nicht grundsätzlich falsch. Sie hat dort ihre Berechtigung, wo Sie den Preis besonders herausstellen wollen. Wenn Ihr Hauptargument, mit dem Sie den Gast überzeugen wollen, vorwiegend der Preis ist und nicht die Qualität (wer glaubt, auch beides wäre möglich, sollte den Tipp *Warnung vor dem besonders guten Preis-Leistungsverhältnis* lesen), dann fahren Sie mit einer Rechts-Links-Präsentation unter Umständen ganz gut.

Wenn Sie aber Ihre Gäste mit der Besonderheit Ihrer Produkte, deren hoher Qualität und mit Ihrer hervorgehobenen Serviceleistung begeistern möchten, verbietet sich eine solche Speisekartenaufmachung.

### Bei Qualität ist zentriert das Minimum!

In diesem Fall kann man sich in einer ersten Stufe damit behelfen, dass man von einer Rechts-Links-Aufteilung auf eine zentrierte Darstellung umstellt. Ihre Textverarbeitung im PC erledigt das per Knopfdruck. Diese Maßnahme mag gering erscheinen, aber sie ist wirkungsvoll. Das hat zwei Gründe: Der eine liegt darin, dass der Gast seine Speise nicht mehr einfach dadurch nach Preisen auswählen kann, dass er nur rechts runterliest, um dann bei niedrigen Preisen nachschauen zu können, welche Speise es dafür gibt. Der andere liegt darin, dass nicht nur die Speisekarte durch die optisch ansprechendere zentrierte Aufmachung aufgewertet wird, sondern mit ihr auch der Gast. Mehr als einmal haben mir Beratungskunden erzählt, dass selbst Stammgäste nach der Umstellung auf eine zentrierte Darstellung höherpreisige Produkte ausgewählt haben.

In diesem Zusammenhang sollte mit einer weiteren Speisenkartenunsitte aufgeräumt werden, nämlich dem Sortieren der Gerichte nach Preisen. Ganz viele Speisekarten - auch wenn sie schön gestaltet sind - fangen mit billigen Gerichten an und enden bei den teuren. Das mag üblich sein und praktisch erscheinen, aber falsch ist es trotzdem. Denn erneut lenke ich die Aufmerksamkeit des Gastes weg von der Qualität auf den Preis.

Mischen Sie Ihre Karte mal ordentlich durch!

### Wer vom Preis ablenkt, gewinnt!

Viel besser noch als eine zentrierte Textdarstellung sind bebilderte Speisekarten. Besonders wirkungsvoll ist das, wenn diese Bilder sich auf das Konzept des Hauses beziehen, wenn sie quasi eine Geschichte erzählen und für sich schon ein Erlebnis darstellen. Es muss für den Gast eine Freude sein, in der Karte zu blättern. Schon an dieser Stelle muss er merken, dass ihm etwas Besonderes geboten wird. Dann tritt der Preis in den Hintergrund.

Ich weiß, dass mir viele Gastronomen das nicht glauben, weil sie überzeugt sind, dass der Markt nur aus Schnäppchenjägern besteht. Aber aus meiner Erfahrung weiß ich, dass es funktioniert. Die Werbung beweist uns doch Tag für Tag, wie wichtig die Art des Angebots ist und wie wichtig die Verpackung. Wer seine Gerichte auf der Karte professionell verpackt, kann höhere Preise erzielen.

Deshalb gehört die Erstellung einer schönen Speisekarte in professionelle Hände. Das Kaufhaus engagiert schließlich auch einen Dekorateur für seine Schaufenster.

42

Aufwand:
gering

Nutzen:
verbesserter Wareneinsatz,
Gewinnsteigerung,
Küchenoptimierung.

Umsetzbarkeit:
kurzfristig

# Tischreiter als Tageskarte

Wenn man in einer Gaststätte Platz nimmt und die Speisekarte wünscht, kann es vorkommen, dass die freundliche Servicekraft einem einen wahren Blätterwald bringt: Speisekarte, Tageskarte, Saisonkarte, Spezialitätenkarte usw.

Manchmal fühlt man sich von der ausufernden Angebotsfülle beinahe erschlagen!

Dem Hang zu überbordenden Speisenangeboten liegen zwei Überlegungen zugrunde, und ich nehme es gleich vorweg: Es handelt sich in beiden Fällen um Irrtümer!

Der erste Irrtum besteht darin, dass mancher Gastronom glaubt, die Gäste hätten gerne eine große Auswahl. Auf mindestens 90 % aller Gäste trifft dies sicher nicht zu. Dafür gibt es einen ganz einfachen Grund:

Menschen entscheiden sich nicht gerne!

In Wahrheit sind die meisten unserer Zeitgenossen sehr froh, wenn sie möglichst wenige Entscheidungen treffen müssen – am besten nimmt man sie ihnen ab.

Die zweite Überlegung, die zu umfangreichen Speisekarten führt, entsteht aus in Einzelfällen vorgetragenen Gästewünschen, wie etwa: „Ach, haben Sie gar keinen Schweinebraten auf der Karte?“, oder: „Haben Sie kein Champignonschnitzel?“

Natürlich gibt es derlei Fragen, aber Sie können solche Wünsche durch kein noch so großes Speisenangebot restlos befriedigen.

Das Bemühen stets allen Gästewünschen gerecht zu werden, ist wie Hase und Igel - und Sie sind der Hase: Sie kommen immer zu spät!

Was immer Sie anbieten, es wird sicherlich einen Gast geben, der gerne noch etwas anderes hätte. Vergessen Sie also den Wunsch, es jedem recht zu machen!

Falls Sie zu den Gastronomen mit umfangreichen Speisekarten gehören, dann fangen Sie jetzt an, das Angebot auszudünnen.

Was Ihre Tageskarte angeht, schlage ich eine Radikalkur vor:

Streichen Sie Ihre Tageskarte bis auf ein Gericht zusammen - den Tagestipp!

Ihren täglichen Tagestipp können Sie jeweils auf einen Tischreiter oder ein Tischtäfelchen schreiben. Seien Sie gewiss, dass dieses Gericht jeden Tag der Renner sein wird, der allen anderen Speisen den Rang abläuft. Der Grund dafür liegt auf der Hand: Der Gast muss nicht lange überlegen und auswählen.

Doch mehr noch als für den Gast ist dieses Vorgehen ein Gewinn für Sie als Gastronom. Mit dem Tagestipp können Sie nämlich den Wareneinsatz in der Küche verbessern.

Der abendliche Blick in das Lager wird Ihnen zeigen, was die ideale Empfehlung für den nächsten Tag ist.

Was verarbeitet werden muss, wird zum Tagestipp!

Auf diese Weise gelingt es Ihnen, den Materialschwund in der Küche zu reduzieren, weil das vorhandene Material über das Angebot entscheidet, und Sie im Laufe der Zeit die Erfahrung machen, dass der Tagestipp gut angenommen wird. Erst recht, wenn er gelegentlich einmal ausverkauft sein sollte!

Mit dem Tagestipp senken Sie Ihre Wareneinsatzquote!

Gerade die Wareneinsatzquote ist eine der wichtigsten Erfolgsschrauben. Bedenken Sie: Eine Verringerung des Wareneinsatzes bedeutet eine direkte Gewinnsteigerung - ohne Mehrarbeit!

43

Aufwand:
keiner

Nutzen:
Umsatzsteigerung sofort
und dauerhaft

Umsetzbarkeit:
sofort

# Speisekarte liegen lassen

Die freundliche Dame (natürlich kann es auch ein Herr sein) vom Service kommt an den Tisch, zückt den Block und nimmt die Bestellungen der Gäste auf. Reihum werden die Getränke- und Speisenwünsche abgefragt und notiert. Schließlich steckt sie den Block wieder ein, dankt höflich, und – da sie weiß, was von einer professionellen Servicekraft erwartet wird – sammelt sie die Speisekarten ein und trägt sie fort.

Ich habe mich oft gefragt, woher diese Unsitte wohl kommen mag, denn es handelt sich ohne Frage um eine Unsitte. Schließlich wird der Gastronom hier aktiv, um seine eigenen Umsatzchancen zu verringern!

Wer dem Gast die Speisekarte wegnimmt, bestiehlt sich selbst!

Sie fragen warum? Wenn wir dieses Verhalten, also das Wegnehmen der Speisekarten nach Aufnahme der Bestellung, sinnbildlich auf andere Branchen übertragen, wird dies sofort deutlich.

Stellen Sie sich vor, Sie betreten einen Supermarkt. Sie gehen zum Marmeladenregal, schauen sich das Angebot an und entscheiden sich für Himbeermarmelade. Vermutlich würden Sie nicht wenig staunen, wenn nun ein Mitarbeiter des Supermarkts käme und sofort alle anderen Marmeladen abdecken würde, weil Sie sich ja nun für die Sorte Himbeere entschieden haben. Es wäre nicht nur verwunderlich, sondern auch dumm: Schließlich ist es gut möglich, dass jemand, der Himbeermarmelade kauft, beispielsweise ein Glas Quittengelee dazu nimmt.

Oder stellen Sie sich vor, Sie wollen ein Produkt aus einem Versandhandelskatalog kaufen. Sie füllen den Bestellzettel aus und schicken ihn los. Was wären Sie überrascht, wenn kurz darauf ein Mitarbeiter des Versandhauses zu Ihnen käme, um den Katalog mitzunehmen, da Sie ja schon bestellt haben. Das Versandhaus wird den Teufel tun und Sie daran hindern, noch einmal zu kaufen.

Wenn der Kellner nach Aufnahme der Gästewünsche die Speisekarte wegnimmt, macht er aber genau das, was in den beiden Beispielen geschildert wird. Die Speisekarte ist im Grunde der Katalog oder meinetwegen auch das Schaufenster des Restaurants. Wenn der Gast nicht mehr in den Katalog gucken kann, wird er auf nichts mehr neugierig und kauft daher auch nichts zusätzlich, ohne vom Servicepersonal dazu motiviert zu werden.

### Der Gast kann nur bestellen, wenn er weiß, was es gibt!

Aus welchen Gründen auch immer es sich in der Gastronomie eingebürgert haben mag, dass dem Gast nach Aufgabe der Bestellung die Speisekarte entzogen wird – brechen Sie mit dieser Unsitte!

Es muss ja nicht jeder Gast eine Karte behalten, eine pro Tisch reicht sicher aus. Aber geben Sie Ihren Gästen die Chance, sich über die erste Bestellung hinaus mit Ihrem Angebot zu beschäftigen. Ob er das aus Interesse oder nur aus Langweile macht, ist zunächst völlig egal, Hauptsache er hat überhaupt die Möglichkeit, neue Wünsche zu entwickeln. Ob er nun gleich beim aktuellen Restaurantbesuch einen zusätzlichen Umsatz tätigt, oder ob er sich entschließt, bald wieder zu kommen, um auch mal eine andere Ihrer interessanten Speisen zu probieren, spielt keine Rolle. In jedem Fall aber eröffnet Ihnen das schlichte Liegenlassen der Speisekarte zusätzliches Umsatzpotential.

### Die Speisekarte verdient ganz alleine Geld für Sie!

Glauben Sie nicht, dass wir hier nur von unbedeutenden Beträgen reden! Natürlich lässt sich der Erfolg dieser ganz leicht und sofort umzusetzenden Maßnahme nicht eindeutig messen, aber eine einfache Betrachtung zeigt die durchaus erheblichen Möglichkeiten.

Wenn wir pessimistisch annehmen, dass nur jeder 15. Gast einen zusätzlichen Umsatz von fünf Euro tätigt, dann sind das bei einem angenommenen Durchschnittsbon von 10 Euro und einem Jahresumsatz von 100.000 Euro immerhin ca. 2.080 Euro Zusatzerlös, bei 300.000 Euro Gesamtumsatz schon fast 6.250 Euro Zusatzerlös und bei einem großen Betrieb mit 1 Million Jahresumsatz schon fast 21.000 Euro zusätzliche Einnahme. Wenn das sich nicht lohnt – ohne irgendetwas dafür tun zu müssen!

44

Aufwand:
gute Vorbereitung in der Küche; Erstellung einer kleinen Karte

Nutzen:
Stammgäste binden; im Wettbewerb bestehen

Umsetzbarkeit:
kurzfristig

# Kleine Karte

## für späte Gelüste

Das Konsumverhalten in unserer Gesellschaft verändert sich laufend. Zum Teil geht es dabei um kurzlebige Trends, zum Teil aber auch um grundsätzlichere Dinge. So wenig sinnvoll es in aller Regel ist, jeder Mode hinterher zu laufen, so zwingend ist es, auf langfristige Veränderungen zu reagieren.

Eines dieser neuen und dauerhaft veränderten Lebensgewohnheiten besteht darin, dass sich die Leute nicht mehr in demselben Maße starren Tagesabläufe unterwerfen, wie das früher der Fall war, als es um 12 Uhr Mittagessen und um 18 Uhr Abendbrot gab. Heute essen die Menschen dann, wenn sie Hunger oder Appetit haben, egal wie spät es ist. Für junge Menschen gilt dies ganz besonders - und diese sind die neuen Gäste der Gegenwart und noch mehr die Gäste der Zukunft.

Feste Essenszeiten gibt es heute kaum noch.

Für den Gastronom heißt es, in geeigneter Weise darauf zu reagieren und das, ohne den Blick für die Kosten zu verlieren. Durchgehend warme Küche mit voller Karte kann sich höchstens leisten, wer ein hoch frequentiertes Lokal hat. Alle anderen müssen entweder die Angebotszeiten einschränken oder die Leistungen.

In vielen Betrieben schließt die Küche abends zwischen 21 und 22 Uhr. Dies ist aber immer schwerer zu halten, wenn man nicht mehr und mehr Speisegäste verlieren möchte. Besonders zeigt sich das in innerstädtischen Lagen, aber auch bei Restaurants von Hotels, die öfter noch späte Anreisen haben.

Dass man kurz vor Mitternacht kein mehrgängiges Menü mehr kocht, ist dem Kunden klar. Aber auf der anderen Seite sollten Sie Ihren hungrigen Gast, egal ob er gerade aus dem Kino kommt oder einen harten Arbeitstag hinter sich hat, nicht einfach hängen lassen. Zumindest eine Kleinigkeit sollte Sie ihm bieten, wenn Sie ihn als Stammgast behalten wollen.

### Lassen Sie den hungrigen Spätgast nicht im Stich!

Stellen Sie also eine kleine Karte zusammen mit Speisen, die vom Küchenteam vorbereitet und später ohne großen Aufwand - von einer Hilfskraft oder sogar vom Servicepersonal - fertig zubereitet werden können. Selbst die Mikrowelle ist in diesem Fall kein Tabu. Aber natürlich hängt es vom üblichen Angebot Ihres Hauses ab, was Sie anbieten können und was nicht. Der späte Gast ist zwar nicht so anspruchsvoll wie der am frühen Abend, aber sein Anspruch hängt natürlich immer noch ein bisschen davon ab, wohin er geht. Aber ein „Zu spät, Küche ist schon zu!“ will er auf keinen Fall hören.

Die Auswahl der spät dargereichten Speisen muss nicht groß sein. Einige wenige und einfache Gerichte genügen vollauf. Was großen Aufwand für die Küche bedeutet, verbietet sich ohnehin.

### Es genügen wenige und einfache Gerichte!

Besonders am Wochenende dürfte ein solches Angebot auf Interesse stoßen. Sei es bei jungen Leuten, die noch schnell eine Kleinigkeit zu sich nehmen wollen, ehe sie ausgehen, oder seien es Gäste, die nach dem Kino- oder Theaterbesuch noch ein wenig Hunger haben. In jedem Fall wird derjenige Betrieb das Geschäft machen, der die gewünschte Leistung bietet.

Natürlich hängt ein solches Angebot auch von der Lage Ihres Betriebes ab. Wenn Sie fernab vom Schuss liegen und sich Jahr und Tag zu später Stunde kein Gast mehr zu Ihnen verirrt, ist ein solcher Service unnötig. Ansonsten erscheint er in unseren Tagen schlichtweg geboten.

### Bei guter Vorbereitung macht der Ablauf keine Probleme!

Bei einer entsprechend guten Vorbereitung sollte eine solche Angebotserweiterung in den meisten Fällen keine Probleme bereiten. Zwar muss sich das Neue bei Ihren Gästen und denen, die es werden sollen, erst einmal herumsprechen. Aber wer nicht anfängt, kommt auch nicht ans Ziel.

Denken Sie doch einmal darüber nach, ob eine „Kleine Karte für späte Gelüste“ etwas für Ihren Betrieb wäre.

45

# Große Wirkung mit kleinen Mitteln

Mehrere Tipps dieses Buches beschäftigen sich mit der Bedeutung der Speisekarte.

Wir haben im Zuge unserer Konzeptberatungen schon viele Speisekarten gestaltet. Dabei geht es nicht nur um den Inhalt, sondern eben auch um die Aufmachung und die verwendeten Materialien. Wenn Sie beispielsweise ein auf Tradition ausgerichtetes Konzept nutzen, tun Sie sich keinen Gefallen, wenn Ihre Speisekarte in Plastikfolien eingeschoben oder laminiert wird.

Hinzu kommt, dass gekaufte Speisekartenmappen den Geldbeutel ganz ordentlich belasten, und dabei denke ich noch gar nicht an edle Mappen in Echtleder. Simple Kunststoffmappen kosten nicht selten durchaus nennenswerte Beträge.

Dazu gibt es eine Alternative, mit der wir gerne arbeiten: Wir erstellen Speisekarten meist so, dass jedes Blatt vom Gastwirt auf seinem PC-Drucker selbst ausgedruckt werden kann. Das hat den großen Vorteil, dass Preisänderungen oder Änderungen des Angebotes mit relativ geringem Aufwand realisiert werden können.

Selbst gedruckte Karten erleichtern Veränderungen!

Als Papier eignet sich besonders die so genannte Elefantenhaut, weil sie auch ein bisschen Feuchtigkeit verträgt und nicht gleich unansehnlich wird, wenn mal jemand etwas verschüttet.

Für den Umschlag hat sich Fotokarton als tauglich erwiesen, wie man ihn in jedem Schreibwarenladen erwerben kann. Man nimmt zwei oder drei Bögen, schneidet diese auf die passende Größe zurecht und faltet sie einmal in der Mitte, sodass z. B. 8 oder 12 Seiten entstehen. Auf diese Seiten werden sorgfältig die einzelnen Blätter aufgeklebt oder mit Stegen befestigt, damit sie gegebenenfalls leicht ausgetauscht werden können.

Gebunden wird die Karte in der Falzkante, zum Beispiel mit einer schönen Kordel. Das Ergebnis ist überaus ansehnlich und nicht das Übliche. Die Materialkosten pro Karte liegen bei wenigen Euro. So können Sie Geld sparen und sich gleichzeitig von Mitbewerbern abheben. Zwei Fliegen mit einer Klappe.

AUFWAND:
GERING, SOBALD DER INHALT STEHT

NUTZEN:
HOHE FLEXIBILITÄT, KOSTENERSPARNIS, EIGENES PROFIL

UMSETZBARKEIT:
NACH GESTALTUNG DER KARTE

# Speisekarte

## aufs Zimmer

Wenn Ihr Hotel mitten im finsteren Wald liegt, ohne eine weitere Gaststätte weit und breit, haben Ihre Gäste kaum Möglichkeiten, woanders zu essen als bei Ihnen. Trotzdem lohnt es sich für Sie, diesen Tipp zu lesen, und wenn Ihre Lage weniger abgelegen ist als oben beschrieben, dann ohnehin.

Aufwand:
pro Zimmer wird eine Speisekarte benötigt

Nutzen:
Steigerung des Restaurant-umsatzes

Umsetzbarkeit:
sofort

Wer seinen Hotelgast nicht zum Essen im Haus halten kann, verliert wertvolle Erlöse!

Ganz besonders Stadthotels haben oft das Problem, dass viele Hausgäste nicht im zum Hotel gehörenden Restaurant essen, sondern ihr Geld stattdessen zu einem Mitbewerber tragen.

Es wird sich nicht zur Gänze vermeiden lassen, dass Gäste das Weite suchen, weil sie vielleicht mit Geschäftsfreunden in einem anderen Restaurant verabredet sind. Dennoch lohnt es sich, etwas gegen diese unerfreuliche Entwicklung zu tun.

Ganz besonders gilt das, wenn es etwas sehr Einfaches gibt, das unweigerlich dafür sorgt, dass Ihnen mehr Hausgäste treu bleiben:

Legen Sie Ihre Speisekarte im Zimmer aus!

Es klingt so einfach, wie es ist. Die praktische Erfahrung hat eindeutig die positive Wirkung dieser simplen Maßnahme gezeigt: Wenn der Gast in seinem Zimmer eine aufgeschlagene Speisekarte vorfindet, und wenn diese obendrein ansprechend gestaltet ist, findet er viel leichter den Weg in Ihr Restaurant als sonst.

Der Grund dafür ist ganz einfach. Eine schön gestaltete Speisekarte macht Appetit. Wenn Ihr Gast bereits auf seinem Zimmer Lust auf bestimmtes Gericht bekommt, dann wird er es bestellen wollen. Seine Kaufentscheidung ist dann schon gefallen, ehe er sein Zimmer verlassen hat.

So sucht der Gast erst gar nicht nach Alternativen. Würde er hingegen Ihr Haus verlassen, hätten Sie ihn fast sicher verloren.

Warum sich die Sache auch für das Hotel mitten im Wald lohnt? Weil der Gast so vielleicht Appetit auf Ihr Rumpsteak bekommt, und seine vom Tag übrig gebliebene Stulle lieber liegen lässt.

47

AUFWAND:
GERING, EINLAGEBLATT IN SPEISKARTE REICHT FÜR TESTLAUF

NUTZEN:
HERVORRAGENDE WARENEINSATZQUOTE, EVTL. SENKUNG DER PERSONALKOSTEN

UMSETZBARKEIT:
KURZFRISTIG

# Mit einfachen Gerichten zum Erfolg

Auf der Jagd nach dem Besonderen komponieren manche Gastronomen immer erlesenere und raffiniertere Gerichte. Dagegen ist prinzipiell nichts einzuwenden, denn es gibt Gäste, die das wünschen.

Der damit verbundene Aufwand aber ist erheblich. Häufig kommen sehr hochwertige und damit im Einkauf teure Produkte zum Einsatz und nicht selten sind die Anforderungen an das Küchenteam beachtlich. Dies muss sich notwendigerweise im Preis niederschlagen. Und prompt stellt sich die Frage, wie viele Gäste in der Lage – und auch bereit – sind, einen entsprechend hohen Obolus zu entrichten.

Die überwiegende Zahl der Gäste hat sehr überschaubare Schmerzgrenzen bezüglich der akzeptierbaren Preise!

Nun versuchen manche Gastronomen diesem Problem damit zu begegnen, dass sie höchste Qualitätsansprüche mit möglichst niedrigen Preisen kombinieren. Das aber kommt der Quadratur des Kreises gleich, welche bekanntermaßen unmöglich ist. Wer auf Top-Qualität und Top-Leistung setzt, ist gezwungen, sich auch Topgäste zu suchen, die diese Ansprüche haben und entsprechend zu bezahlen bereit sind. Das ist nicht einfach, aber keineswegs unerreichbar.

High-End-Produkte brauchen High-End-Gäste!

Aber natürlich kann man auch einen ganz anderen Weg gehen, nämlich den über betont einfache Gerichte. Freilich bedeutet das nicht, dass Zutaten minderer Qualität lieblos zusammengepantscht werden sollen. Ganz im Gegenteil! Ein hoher Leistungsanspruch ist heute absolut unverzichtbar in jeder Art von Gastronomie. Was hier mit einfachen Gerichten gemeint ist, sind Gerichte, die sich ohne hohe Kochkunst zubereiten lassen und die mit preislich günstigen Ausgangsprodukten erstellt werden.

Anhand von zwei Beispielen sollen die Vorteile einer Strategie der Einfachen Küche erläutert werden, nämlich Pfannkuchen und Eintopf. Beide verbindet eine ganze Reihe von Parallelen: Die zu verwendenden Eingangsprodukte sind sehr preisgünstig, die Anforderungen an die Qualifikation des Küchenpersonals sind niedrig und trotzdem bieten beide Gerichte eine große Vielzahl an Variationsmöglichkeiten an.

Und genau diese drei Faktoren stellen auch den großen Vorteil der einfachen Gerichte dar, wie im Folgenden erläutert werden soll.

Die kostengünstigen Ausgangsprodukte erlauben es, mit äußerst lukrativen Wareneinsatzquoten zu kalkulieren und dem Gast trotzdem für kleines Geld ein schmackhaftes und sättigendes Produkt zu präsentieren. Bei Pfannkuchen oder Eintöpfen sollte Ihre Wareneinsatzquote in jedem Fall unter 20 % betragen. Das ist bei üblichen Tellergerichten undenkbar.

Einfache Gerichte lassen sich mit hohen Spannen kalkulieren!

Einfache Gerichte lassen sich auch mit einfacherem Personal herstellen, was zu spürbaren Entlastungen bei den Personalkosten führen kann. Eintöpfe haben überdies den Vorteil, dass sie in größeren Mengen im Voraus produziert werden können. Sie können sogar in Portionspackungen eingefroren und bei Bedarf wieder aufgetaut werden. Gerade Eintöpfe gewinnen geschmacklich sogar beim Wiedererwärmen, eher als dass sie dabei verlieren würden.

Einfache Gerichte können Personalkosten senken!

Dass die beispielhaft genannten Speisen auch noch eine große Varianz zulassen, ist eine weitere Stärke dieser Produkte. Aber natürlich muss das Angebot dieser einfachen Gerichte im Einklang mit dem Konzept Ihres Hauses stehen. Nicht alles passt überall. Aber als Erweiterung eines bestehenden Angebotes oder für einen Aktionstag, einmal die Woche, funktioniert es vielerorts. Probieren Sie es aus!

48

Aufwand:
neue Kalkulation, Preisänderung in Speisekarte

Nutzen:
bessere Kostendeckung, Vermeidung von großen Preissprüngen

Umsetzbarkeit:
sofort

# Preise regelmäßig steigern

Erinnern Sie sich noch an die „Teuro-Debatte"? Als nach der Umstellung von DM auf Euro alle über die (teils nur eingebildeten) Preissteigerungen schimpften, waren es gerade die Gastronomen, die die heftigste Kritik einstecken mussten. Besonders diesem Gewerbe warf man vor, die Gunst der Stunde genutzt zu haben, um die Preisen kräftig anzuheben.

In der Tat traf viele Gastwirte dieser Vorwurf zu Recht. Trotzdem war er bei genauerer Betrachtung ungerecht. Denn in zahlreichen Betrieben hatte es seit Jahren keine Preisanpassung an die gestiegenen Kosten mehr gegeben, sodass mit der Euro-Einführung im Grunde nur versucht worden war, Versäumtes nachzuholen.

Auch heute scheuen viele Gaststättenbetreiber eine regelmäßige Preisanhebung. Der Grund dafür ist immer der gleiche:

Der Konkurrenzdruck raubt den Mut zu notwendigen Preiserhöhungen.

Natürlich weiß ich um die Schwierigkeiten auf dem Markt und um den harten Verdrängungswettbewerb. Und natürlich müssen Sie versuchen, sich in Ihrem Angebot von den Mitbewerbern abzuheben, um angemessene Preise durchsetzen zu können. Dazu gibt es eigene Tipps in diesem Buch.

Aber sogar wenn Sie Ihr Geschäft über den Preis machen, müssen Sie die Preise den ständig steigenden Kosten anpassen. Denn allein die Zunahme der Energiekosten schlägt in den letzten Jahren massiv zu Buche.

## Ohne Preiserhöhungen haben Sie keine Zukunft!

Häufig werden die erforderlichen Anpassungen allerdings erst dann vorgenommen, wenn der Kostendruck kaum noch auszuhalten ist. Meist gab es zu diesem Zeitpunkt seit Jahren stabile Preise auf der Karte. Dann wird nach dem Motto „Wenn schon, denn schon“ ordentlich zugelangt.

Die Kunden sind jedoch nicht bereit, das zu akzeptieren. Ihr Argument, Sie hätten schließlich vorher fünf Jahre lang keine Preiserhöhung durchgeführt, wird nicht akzeptiert, wenn bei Ihnen plötzlich alles um 20 % teurer wird. Wenn ein Gericht, das bislang 12 Euro gekostet hat, auf einmal 14,40 Euro kostet, bleibt das nicht unbemerkt.

Auf den gleichen Preis können Sie aber auch kommen, wenn Sie die Preise Jahr für Jahr nur um milde 3,7 % erhöhen. Dann kostet das gleich Gericht erst 12 Euro, dann rechnerisch jeweils ein Jahr lang 12,45 €, 12,90 €, 13,40 €, 13,90 € und schließlich 14,40 €.

### Regelmäßige moderate Erhöhungen akzeptiert der Gast leichter!

Die Erhöhungen sind jeweils nur geringfügig und führen nicht dazu, dass der Gast argwöhnt, über den Tisch gezogen zu werden. Auf diese Weise erhalten Sie die nötige Kostendeckung, ohne den Gast zu verprellen.

Aber diese regelmäßige moderate Anhebung Ihrer Preise bringt Ihnen nicht nur einen psychologischen Vorteil.

### Regelmäßige Preiserhöhungen bringen mehr Gewinn!

Dieser resultiert daraus, dass Sie ja schon all die Jahre die leicht erhöhten Preise verlangen können. Dabei geht es richtig um Geld. Sie werden sich beim nachfolgenden Beispiel die Augen reiben:

Nehmen wir an, wir haben zwei Vergleichsbetriebe, die beide anfangs jeweils 250.000 € Jahresumsatz haben. Einer der beiden erhöht die Preise jährlich um 3,7 % und der andere wartet damit fünf Jahre und erhöht dann um 20 %. Am Ende haben beide wieder das gleich Preisniveau, aber der erste hat in den fünf Jahren 145.000 € mehr eingenommen!!!

Ist das ein überzeugendes Argument?

49

Aufwand:
Speisekartenpreise müssen geändert werden

Nutzen:
erheblicher zusätzlicher Gewinn ohne zusätzliche Kosten

Umsetzbarkeit:
nach Möglichkeit noch heute

## Wie ein paar Cent zu sehr viel Geld werden

Haben Sie Geld zu verschenken? Nein? Dann sollten Sie dringend einen Blick in Ihre Speisekarte werfen. Denn möglicherweise tun Sie das nämlich. Und Sie bekommen keinen Dank dafür, denn die, die das Geld bekommen, freuen sich noch nicht einmal. Denn weder Ihnen, noch Ihren Gästen fällt überhaupt auf, dass Sie Geld verschenken.

### Viele Gastronomen verschenken Geld, ohne dass es irgendjemand merkt

Wahrscheinlich habe ich Sie jetzt neugierig, möglicherweise sogar stutzig gemacht. Vielleicht sind Sie aber auch gar nicht betroffen.

Um das festzustellen nehmen wir die Preise Ihre Gerichte unter die Lupe. Dabei interessieren uns jetzt nur die Centbeträge, also die Stellen hinter dem Komma: Welche Centbeträge weisen Ihre Preise aus?

Ganz oft erlebe ich es, dass man bei der ersten Stelle nach dem Komma annähernd jeden Betrag findet. Das können genauso gut ...,10 Euro sein, wie ...,30 oder ...,50 oder ...,90. Lediglich glatte Eurobeträge sind, abgesehen von der deutlich gehobenen Küche, eher selten.

Somit ergibt sich ein Bild, dass sich die Centbeträge im Durchschnitt bei 50 Cent einpendeln. Und genau da liegt eine Menge Geld für Sie auf dem Tisch und Sie müssen es sich nur nehmen!

Wenn Sie im Handstreich alle Ihre Preise auf ...,90 Euro anheben, werden Sie keinen Gast verlieren. Denn es ist kaum vorstellbar, dass ein Gast ein Gericht bei einem Preis von beispielsweise 12,50 Euro bestellt, bei 12,90 Euro aber abwinkt. Aber Sie gewinnen eine Menge Geld.

Denn es geht ja nicht nur einmal um durchschnittlich 40 Cent. Sie machen diesen Mehrerlös bei jedem Essen, das Sie verkaufen.

### Die Masse macht den Erfolg!

Selbst wenn Sie nur einen relativ kleinen Betrieb haben, verkaufen Sie wahrscheinlich mehr als 10.000 Essen im Jahr. 10.000 mal 40 Cent aber sind satte 4.000 Euro Mehrerlös im Jahr! Bei größeren Betrieben geht das sogar in die Zehntausende. Ohne dass Sie irgendetwas dafür tun müssen, wenn Sie einmal die Preise angepasst haben. Leichter ist Geld nicht zu verdienen.

Ich habe eingangs geschrieben, dass auf diese Weise nicht nur Geld verschenkt wird, sondern dass es obendrein nicht einmal Dank für diese Geschenke gibt, denn der Gast denkt nicht darüber nach, dass er 40 Cent spart, weil Sie für ein Gericht 12,50 Euro statt 12,90 Euro verlangen. Daher handelt es sich im Grunde gar nicht um Geschenke, sondern um reine Verschwendung.

Höchstwahrscheinlich haben Sie selbst durchaus Verwendung für zusätzliche 4.000 Euro oder mehr im Jahr. Wenn Sie aber so großherzig sein wollten, das bisher leichtfertig verschwendete Geld (oder zumindest einen Teil davon) in Zukunft bewusst und wirkungsvoll zu verschenken, dann können Sie den auf die hier beschriebene Weise verdienten Mehrerlös ganz oder zum Teil für die eine oder andere gute Sache spenden.

### Wenn Sie etwas verschenken, dann tun Sie es bewusst

Wenn Sie sich die Hälfte des Mehrerlöses selbst behalten und auch nur 2.000 Euro im Jahr spenden, damit sich beispielsweise der örtliche Kindergarten neue Spielsachen kaufen kann, ist Ihnen ein schöner Artikel mit Foto in der Zeitung so gewiss wie der öffentliche Dank.

Sie können das Geld auch in einen tollen Betriebsausflug stecken und so das Betriebsklima verbessern. In jedem Fall merken dann die Beschenkten wenigstens, dass sie beschenkt worden sind, und es erzielt eine positive Wirkung.

50

**Aufwand:**
Suche nach geeigneter Brauerei; Anschaffung eigener Gläser; Entwicklung einer Legende

**Nutzen:**
Günstiger Einkauf, starkes Marketing-Instrument

**Umsetzbarkeit:**
Mittelfristig, wenn keine Brauereiverträge dagegen stehen

# Hausmarkenbier

Obwohl im Laufe der letzten Jahrzehnte immer mehr kleine Brauereien schließen mussten, gibt es eine zunehmende Zahl von Gaststätten, die nebenher eine kleine Hausbrauerei betreiben, um sich zu profilieren, indem sie mit einem eigenen Bierprodukt Mitbewerber ausstechen.

Dazu sind allerdings erhebliche Investitionen erforderlich, und neben den technischen Einrichtungen muss auch die Immobilie ausreichend groß sein. Fachkundiges Personal wird benötigt und diverse lebensmittelrechtliche Vorschriften sind peinlich genau einzuhalten.

Eigenes Bier zu brauen ist sehr aufwändig!

Doch der Vermarktungsvorteil, der sich daraus ergibt, lässt sich auch viel einfacher erzielen: Sie können sich Ihre Hausmarke auch einkaufen.

Voraussetzung ist natürlich, dass Sie in Ihrem Einkauf frei sind, also nicht eingeschränkt durch Brauereiverträge. Wenn Sie nicht an eine bestimmte Brauerei gebunden sind, können Sie zwei Fliegen mit einer Klappe schlagen: Bier billig einkaufen und damit zugleich einen Wettbewerbsvorteil erzielen.

Der Bezug von preisgünstigem Bier ist in der Regel einfach, da viele – besonders kleinere Brauereien – ihre Produktionskapazitäten nicht auslasten können und daher über jeden Abnehmer froh sind, selbst wenn das Bier dann deutlich unter dem üblichen Preis abgegeben werden muss. Solche kleinen Brauereien produzieren häufig Bier, dass in Geschmack und Qualität den bekannten Markenbieren durchaus gleichkommt.

Freilich können Sie Ihre Hausmarke nicht bei einer Brauerei vor Ort beziehen, da diese ihren heimatlichen Markt schützen wird. Aber wenn Sie eine kleine Brauerei suchen, die 100 oder 200 km von Ihrem Betrieb entfernt ist, lohnen sich Preisverhandlungen immer. Ich habe Kunden, die auf diesem Weg bei Bier einen Wareneinsatz von nicht viel mehr als 10 % realisieren! Das sind beachtliche Werte!

Etwas weiter weg lässt sich Bier meist sehr günstig einkaufen.

Zwar müssen Sie den Transport organisieren oder selbst durchführen, aber diese Mühe lohnt sich, weil Sie zu sehr guten Preisen zu Ihrem Bier kommen.

Dabei ist der günstige Einkaufspreis wahrscheinlich gar nicht das Wichtigste. Weit höher zu bewerten ist der Vermarktungsvorteil, wenn Sie dem Bier einen eigenen, zu Ihrem Betrieb und Konzept passenden Namen und ein Logo geben und damit ein unverwechselbares Bierprodukt anbieten können.

Dazu gehören eigene Gläser mit dem Logo der hauseigenen Biermarke und zusätzlich entsprechende Bierdeckel. Die Erfahrung mehrerer meiner Kunden zeigt eindeutig, dass die Gäste die Hausmarke gegenüber den üblichen, bekannten Biermarken bevorzugen. In mehr als einem Fall sticht dabei die Hausmarke eine aus der Fernsehwerbung bekannte Biermarke aus, obwohl die Hausmarke teurer verkauft wird!

Gäste bevorzugen Hausmarken!

Natürlich sollten Sie um das eigene Bier auch eine schöne Legende entwickeln. Sie können selbstverständlich nicht erzählen, dass Sie ihr Bier irgendwo billig einkaufen und nur ein eigenes Etikett drauf kleben. Wenn Sie aber erzählen, dass Sie das Bier eigens für sich nach einem alten Rezept brauen lassen, hört sich das gleich ganz anders an.

Manchmal höre ich, dass Gastronomen besorgt sind, dass jemand das Bier – und sei es nur aus reinem Zufall – am Geschmack erkennen könnte. Das können Sie getrost vergessen! Bestenfalls könnte ein Mensch mit einem sehr feinen Gaumen feststellen, dass Ihre Hausmarke einem anderen Bier ähnlich ist, aber das ist unter Biersorten gar nicht selten.

Kaum jemand kann Biermarken am Geschmack erkennen!

Seien Sie versichert: Wenn Sie niemandem sagen, woher das Bier tatsächlich stammt, wird es nie jemand erfahren. Auf diese Weise haben Sie ein hervorragendes Mittel, um Ihre Kosten zu senken und zugleich Ihren Erfolg zu steigern. Denn Ihr Hausmarkenbier wird Stoff für positive Mundpropaganda liefern.

51

# Teekultur pflegen

Stellen Sie sich vor, Ihr Gast bestellt eine Tasse Kaffee, und Sie bringen ihm eine Tasse heißes Wasser und einen Löffel voll Instantkaffee. Der Gast wäre zumindest erstaunt, vermutlich sogar verärgert, weil er eine andere Qualität erwartet. Bestellt der gleiche Gast aber eine Tasse Tee, bekommt er mit hoher Wahrscheinlichkeit genau das Entsprechende zum Instantkaffee: eine Tasse heißes Wasser und einen Teebeutel. Das mag üblich sein, nichtsdestotrotz ist es enttäuschend.

Wir verzeichnen in hierzulande seit vielen Jahren eine sich immer stärker ausprägende Teekultur. Teeläden gehören zum selbstverständlichen Bild von Innenstädten, es gibt ein unüberschaubares Angebot unterschiedlicher Teesorten, natürlich oder aromatisiert, aus Indien, China oder anderen Flecken der Erde.

Nur in der Gastronomie scheint dieser Trend noch kaum angekommen zu sein. Wenn man in einem Hotel zum Frühstück zwischen fünf verschiedenen Teebeuteln auswählen kann, ist das schon gehobenes Niveau.

Die Teekultur hat die Gastronomie noch nicht erreicht!

Dabei bietet die Teekultur viel mehr Möglichkeiten als der Kaffee. Schon die Zubereitung des Tees kann man am Tisch zum Erlebnis machen. In Glaskannen serviert, kann der Gast den Vorgang des Ziehens beobachten.

In der Teeteria in Hamburg gießt der Gast den Tee selbst am Tisch auf. Er erhält dazu ein Sanduhren-Set mit drei Sanduhren (3 Minuten, 4 Minuten, 5 Minuten), um selbst bestimmen zu können, wie lange der Tee zieht. So wird bereits die Zubereitung des Tees zum Erlebnis.

Teezeremonie als Highlight!

Es müssen nicht gleich 50 verschiedene Sorten sein, wie es in der Teeteria der Fall ist, aber eine gewisse Auswahl unterschiedlicher Teesorten sollte angeboten werden, und der Teebeutel sollte ebenso tabu sein wie Instantkaffee.

Wer etwas ganz Besonderes ins Programm nehmen möchte, kann sogar eine richtige Teezeremonie nach japanischem Vorbild anbieten, bei der ja nicht nur Tee und Sake getrunken werden, sondern auch gegessen wird. Natürlich bedarf es dazu einer professionellen Vorbereitung. Dafür aber hat man ein ganz besonderes Angebot, das auf zahlungskräftige Kundschaft abzielt.

So weit müssen Sie nicht gehen, aber beenden Sie das Stiefkinddasein des Tees.

AUFWAND:
ENTSPRECHENDES GESCHIRR UND ANEIGNUNG VON PRODUKTKENNTNISSEN

NUTZEN:
VERBESSERTES ANGEBOT; EVTL. ERSCHLIEßUNG NEUER KUNDENGRUPPEN

UMSETZBARKEIT:
KURZFRISTIG

52

# Internet-Marketing – Lassen Sie sich loben!

Das Internet hat in den vergangenen Jahren eine ungeheuere Bedeutung gewonnen. Für Hoteliers ist es ein absolut unverzichtbares Marketinginstrument. Wer keine passable Internetpräsenz hat, kann sein Geschäft mehr oder weniger vergessen.

Daneben hat sich ein Feld aufgetan, das eine gewisse Brisanz hat, aber in seiner Wirkung ebenfalls nicht unterschätzt werden darf: Die Hotelbewertungen.

### Hotelbewertungen im Internet gewinnen zusehends an Bedeutung!

Es gibt eine ganze Reihe von Internetseiten, die zumeist einen Buchungsservice für Reisen anbieten, zugleich aber auch die Möglichkeit, Hotels und Restaurants zu bewerten. Auf Seiten wie hotel-erfahrungsberichte.de, hotelkritik.de, schmetterling.eu, travel-and-guide.de und viele anderen kann jeder, der will, seine subjektive Meinung über ein Restaurant oder ein Hotel abgeben.

Tückisch dabei ist, dass die Bewertungen mehr oder weniger anonym bzw. unter Pseudonymen verfasst werden. Leider gibt es schwarze Schafe in der Branche, die diese Möglichkeit nutzen, um Konkurrenten schlechte Kritiken zu verpassen. So verwerflich das ist, so wenig kann man sich gegebenenfalls wehren.

Allerdings ermöglicht die Sache auch ein positives Vorgehen. Niemand verbietet es Ihren Freunden, sich bei den entsprechenden Bewertungsseiten als begeisterte Gäste zu erkennen zu geben. Unterschätzen Sie die Wirkung nicht! Stellen Sie sich einfach vor, Sie selbst suchen ein Hotel für einen kurzen Urlaub. Wenn Sie im Internet lesen, dass eine ganze Reihe von Gästen begeistert von einem bestimmten Haus ist, fällt auch Ihnen die Entscheidung leichter.

### Lassen Sie sich von Ihren Freunden loben!

Scheuen Sie sich also nicht, Ihre Bekannten zu bitten, positive Bewertungen abzugeben. Das mag sich ungewohnt und auch etwas merkwürdig anhören, aber das Internet hat seine eigene Spielregeln entwickelt, die sich nicht dadurch ändern, dass Sie sie ignorieren. Und glauben Sie, diese Art des Selbstlobs ist weit verbreitet!

AUFWAND:
FREUNDE UND STAMMGÄSTE UM UNTERSTÜTZUNG BITTEN

NUTZEN:
POSITIVE MUNDPROPAGANDA

UMSETZBARKEIT:
SOFORT

53

AUFWAND:
WERBEMATERIAL MUSS ERSTELLT, LAUFEND AKTUALISIERT UND VERTEILT WERDEN

NUTZEN:
GÜNSTIGE UND HOCHEFFEKTIVE WERBUNG

UMSETZBARKEIT:
KURZFRISTIG

# Inhauswerbung

Schon Henry Ford sagte: “Ich weiß, dass die Hälfte meiner Werbeausgaben vergeblich ist; ich weiß allerdings nicht, welche Hälfte.“ Leider weiß auch ich es nicht. Die Frage, welche Form der Werbung die richtige ist, lässt sich nicht generell beantworten.

Es ist jedoch erstaunlich festzustellen, dass eine sehr wirksame und obendrein sehr kostengünstige Form der Werbung ausgerechnet in Gastronomie und Hotellerie oft vernachlässigt wird: Die Inhauswerbung, also die Bewerbung, oder besser sollte man sagen, die Umwerbung des anwesenden Gastes.

Viele versäumen es, den Gast zu um- bzw. bewerben!

Die Wirksamkeit dieser Form der Werbung ist leicht belegbar: Der Beworbene ist bereits Ihr Kunde, und er ist anwesend, Sie müssen ihn also nicht erst auf sich aufmerksam machen. Streuverluste wie bei Zeitungsanzeigen gibt es nur in geringem Umfang. Vielmehr ist davon auszugehen, dass Ihr Gast sich dafür interessiert, was Sie zu bieten haben. Und kostengünstig ist Inhauswerbung auch. Schließlich können Sie Ihre Gäste mit einfachen Mitteln, beispielsweise mit für kleines Geld zu erhaltenden Flyern oder Tischreitern auf Ihre Angebote hinweisen.

In Ihrem Restaurant können Sie Ihr Partyserviceprogramm vorstellen, auf Ihr vorzügliches Bankettangebot verweisen oder auch Ihre Hotelzimmer präsentieren. Genau so bietet es sich an, Vorschauen auf Veranstaltungen oder auf kommende Themenwochen zu geben. Es ist allemal besser, Ihr Gast liest Ihre Informationen, während er auf das Essen wartet, als dass er sich langweilt.

Unterhalten Sie Ihren Gast – mit Ihren Informationen!

Selbstverständlich ist es ebenso sinnvoll, in den Hotelzimmern für das Restaurant zu werben, beispielsweise durch das Auslegen einer Speisekarte, wie es im Tipp *Speisekarte aufs Zimmer legen* eigens ausgeführt wird. Auch können dabei besondere Highlights oder Tagesangebote hervorgehoben werden.

Ich habe stattdessen schon erlebt, dass ein Hotelier auf dem Zimmer eine Auflistung aller Gaststätten der näheren Umgebung ausliegen hatte. Offen gestanden, das ist nett, aber dumm!

Es gibt viele Plätze, die sich für Inhauswerbung anbieten. Neben den beschriebenen können das beispielsweise auch Aufsteller vor dem Ausgang sein, wo der Gast sich vor Verlassen des Hauses noch eine Infobroschüre einstecken kann, oder auch auf dem Weg zur Toilette.

In Hotels sollte eigentlich kein Gast auschecken, ohne dass ihm ein Flyer oder eine kleine Broschüre ausgehändigt wird, die ihn dazu einlädt, wiederzukommen. Das kann ein Hinweis auf ein Wochenendarrangement sein oder auf eine besondere Veranstaltung in Ihrem Haus.

Lassen Sie keinen Hotelgast abreisen, ohne ihm einen Grund zu nennen, warum er wiederkommen soll!

Verwandt mit der Inhauswerbung ist das Merchandising, das sich ebenfalls an den anwesenden Gast richtet. Hier gelingt es im Idealfall sogar, mit der eigenen Werbung auch noch Geld zu verdienen.

Das Ziel ist immer das Gleiche: Sie wollen, dass Ihr Gast Sie häufiger als bisher besucht! Dafür müssen Sie ihm gute Gründe liefern. Die Inhauswerbung ist ein sehr einfacher Weg, um mit geringem Kostenaufwand Ihre Kunden auf die Programme und Leistungen des Hauses aufmerksam zu machen. Nutzen Sie diese Möglichkeit!

54

Aufwand:
Nicht unerheblich; entweder Zeit- oder Finanzaufwand; meist beides

Nutzen:
Starke Außenwirkung; gut für Mundpropaganda

Umsetzbarkeit:
Mittelfristig; benötigt Vorarbeiten

# Professionelle **Medienarbeit**

Hoteliers und Gastronomen geben viel Geld für Zeitungsanzeigen aus, wobei der Erfolg dieser Maßnahmen eher zweifelhaft, da kaum überprüfbar ist und nur selten in einem gesunden Verhältnis zu den Kosten steht.

Die Wirksamkeit von Zeitungsanzeigen wird überschätzt. Einerseits liegt das daran, dass die meisten Menschen Annoncen kaum Beachtung schenken, wenn diese nicht auffällig und groß und damit besonders teuer sind. Außerdem muss klar sein:

Der Leser weiß, dass eine Anzeige nur eine gekaufte Selbstdarstellung ist!

Er weiß also, dass eine Anzeige nicht darüber Auskunft gibt, wie gut Ihr Unternehmen wirklich ist.

Wesentlich wirksamer sind redaktionelle Beiträge in Zeitungen und Magazinen. Denn Zeitungsartikel geben die kritische Meinung eines Dritten wieder. Wenn Sie also die Aufmerksamkeit der Presse auf sich und Ihren Betrieb ziehen, hat das für das Renommee Ihres Betriebes wesentlich stärkere Auswirkungen als eine Anzeige. Schließlich sieht der Leser in einem redaktionellen Beitrag eine öffentliche Anerkennung – wenn es sich um positive Berichterstattung handelt.

Presseberichte werden als objektiv angesehen!

Selbstverständlich ist es einfacher, eine Anzeige aufzugeben, als einen Presseartikel zu ergattern. Erfolgreiche Medienarbeit verlangt – wie so vieles im geschäftlichen Leben – ein hohes Maß an Einsatz und Professionalität. Es sei denn, man erkauft sich einen Gefälligkeitsartikel mit der Buchung einiger Anzeigen. Das ist zwar gang und gäbe, aber keine professionelle Medienarbeit.

Wer redaktionelle Beiträge nicht kaufen will, muss einige Grundsätze der Medienarbeit beachten: Die erste Regel lautet:

Eine Meldung, die gedruckt werden soll, muss einen Nachrichtenwert haben.

Eine Zeitung wird nur dann über Ihr Unternehmen schreiben, wenn es etwas zu berichten gibt, das nach Auffassung der Redaktion für ihre Leserschaft von Interesse ist. Es muss also etwas Besonderes sein, etwas, das Sie von anderen anhebt, und das die Aufmerksamkeit der Öffentlichkeit findet. Das kann ein Charity-Projekt sein, ein besonderer Event, ein prominenter Gast oder irgendetwas anderes, das die Menschen interessiert.

Wenn Sie also erfolgreich Medienarbeit betreiben wollen, sind Sie gezwungen, sich immer wieder etwas einfallen zu lassen. Das aber kommt natürlich Ihrem Geschäft zugute. Medienarbeit zwingt Sie also zum Erfolg.

Ein weiterer Faktor Ihrer Medienarbeit liegt darin, Kontakte zu Journalisten zu pflegen. Wer Sie nicht kennt, wird auch nicht über Sie schreiben. Sprechen Sie also von Zeit zu Zeit mit den Zeitungsredakteuren oder laden Sie sie zum Essen ein, wenn Sie etwas Neues haben. Dabei muss Ihnen klar sein, dass nicht über alles geschrieben wird, was Sie weitergeben.

Kontaktpflege ist unerlässlich!

Redakteure einer Tageszeitung haben die nicht ganz einfache Aufgabe, Tag für Tag eine Vielzahl von Seiten füllen zu müssen. Im Sport und in der großen Politik bedienen sie sich daher häufig den Berichterstattungen von Nachrichtenagenturen. Das sind Redaktionen, die über landesweite und internationale Ereignisse berichten und ihre Artikel an Zeitungen verkaufen.

Im lokalen Bereich läuft das anders. Doch auch hier sind die Journalisten froh, wenn sie nicht jeden Artikel selbst schreiben müssen. Deshalb gehört zu professioneller Medienarbeit auch das Verfassen von Pressemitteilungen. Das ist nichts anderes als ein selbst geschriebener Artikel mit der Genehmigung zum kostenfreien Abdruck. Hier allerdings bedarf es schreiberischer Erfahrung.

Das Verfassen von Pressemitteilungen will gelernt sein

Aus diesem Grund ist es häufig anzuraten, diesen Teil der Medienarbeit nach außen zu vergeben, entweder an einen freiberuflichen Journalisten oder an eine Presse- oder PR-Agentur. Das kostet zwar Geld, das man aber dem Etat für Anzeigenwerbung entnehmen kann.

Natürlich kann man Medienarbeit auch im Ganzen nach außen delegieren. Als Berater habe ich das schon für so manchen Gastronomen und Hotelier übernommen. Aber verzichten kann man auf Medienarbeit nicht!

55

AUFWAND:
EVENTUELL NICHT UNERHEBLICH (Z.B. VEREINSGRÜNDUNG, WENN NÖTIG)

NUTZEN:
OPTIMALE PR, ABER AUCH NUTZEN FÜR ANDERE

UMSETZBARKEIT:
MITTELFRISTIG

# Charity – Tue Gutes und rede darüber

Beileibe nicht alles, was aus den USA kommt, ist nachahmenswert, aber es gibt durchaus Dinge, die man übernehmen kann – und soll. Charity ist eines davon: Tue Gutes und rede darüber.

Natürlich ist es keine amerikanische Erfindung, Geld für einen guten Zweck zu sammeln und sich dafür loben zu lassen, aber der Begriff stammt von jenseits des Atlantiks, und man hat dort aus diesem Gedanken eine erprobte Methode entwickelt, gleich ob nun Prominente bei einem Galadiner erscheinen und dafür auf dem roten Teppich öffentliche Aufmerksamkeit erhalten, oder ob Musikbands bei einem Life-Aid-Konzert auftreten.

Charity ist eine bewährte Methode, sich und anderen zu helfen!

Charity bietet die Möglichkeit, Gutes zu tun und auch selbst dabei zu profitieren. Und das funktioniert nicht nur in Hollywood oder auf großen Bühnen. Es lässt sich auch in einem Hotel oder Restaurant verwirklichen.

Um sich nicht in theoretischen Betrachtungen zu verlieren, will ich an dieser Stelle ein gelungenes Charity-Projekt vorstellen, das sich seit Jahren bewährt und gut als Vorbild für andere dienen kann:

Das Gasthaus Zum Sünfzen in Lindau gründete 2002 den gemeinnützigen Verein Lindauer Patrizier e.V., und der Gastwirt, Stephan Grättinger, steht diesem Verein vor.

Neben einem Jahresbeitrag, den jedes Mitglied zu entrichten hat, sammelt der Verein Gelder durch mehrmals im Jahr durchgeführte Diners. Die Teilnehmer bezahlen dafür einen angemessenen Betrag, von dem der Gastwirt die Hälfte an den Verein abführt. Einmal im Jahr werden die gesammelten Gelder an eine Initiative übergeben, die das Geld für Not leidende Bürger der Stadt verwendet.

### Bei gut gemachter Charity gibt es nur Gewinner!

Genau das ist das wirklich Besondere dabei: Es gibt tatsächlich nur Gewinner! Die Teilnehmer am Diner, weil sie einen schönen Abend verbringen und auch geschäftlich interessante Kontakte pflegen, der Gastwirt, weil es der lokalen Presse jedes Mal einen schönen Artikel mit Foto wert ist, wenn der jährliche Scheck übergeben wird, und die Not leidenden Menschen profitieren ohnehin davon. Die moderne Wirtschaftssprache nennt dies eine Win-Win-Situation.

Ein paar Dinge sollten natürlich bedacht werden, damit das Ganze ein runder Erfolg wird: Nicht jede gute Sache wird von allen Menschen auch entsprechend honoriert. Wählen Sie also ein allgemein positiv bewertetes Ziel für Ihre Aktion. Not leidende Menschen vor Ort, Kinder in Schwellen- und Entwicklungsländern, Opfer von Naturkatastrophen oder ein Tierheim wirken immer positiv. Wenn Sie hingegen Rehabilitierungsmaßnahmen für kriminelle Jugendliche, für Drogenabhängige oder Alkoholiker unterstützen wollen, dürfte die Sache wesentlich schwieriger werden – obwohl auch das fraglos wichtige gesellschaftliche Themen sind. Aber sie schmücken den Spender nicht im selben Maße.

### Das Spendenziel muss allgemein anerkannt sein!

Es ist auch ein großer Unterschied, ob Sie nur eine einmalige Aktion starten, oder ein dauerhafte, wie sie mit den Lindauer Patriziern realisiert ist. Letzteres ist sicher deutlich einfacher, da Sie außer ein paar zu versendenden Einladungen für das Diner keine Werbekosten zu tragen haben. Einzelne Veranstaltungen aber fordern fast immer einen nicht unerheblichen Werbeaufwand. Dieser geht entweder zu Lasten des Spendenziels oder zu Lasten des Veranstalters, was recht teuer werden kann.

Doch es gibt auch sehr gute Gelegenheiten für einmalige Charity-Aktivitäten. Diese bieten sich in der Regel unerwartet, da sie meist mit einem Unglücksfall verbunden sind und verlangen entschlossenes Zupacken. Wenn beispielsweise eine Familie nach einem Wohnungsbrand buchstäblich auf der Straße sitzt, kann nur eine kurzfristig anberaumte Hilfsaktion die notwendige Unterstützung bieten. Hier läuft auch die Werbung meist einfach. Der Vorfall ist in allen vor Ort bekannt und die lokale Presse ist in der Regel gerne bereit, mit Ihnen zusammenzuarbeiten, wenn Sie eine Veranstaltung auf die Beine stellen wollen, die in einem Notfall Hilfe bringen soll.

56

Aufwand:
Auswertung der Kasse über längeren Zeitraum

Nutzen:
Steigerung von Effektivität und Lebensqualität

Umsetzbarkeit:
mittelfristig

# Mehr Gewinn

## in kürzerer Zeit

Immer wieder trifft man auf Gastronomen, die Fleiß mit Effizienz verwechseln. Arbeitsstunde um Arbeitsstunde buckeln sie fast bis zum körperlichen Zusammenbruch hinter der Theke oder in der Küche, in der Hoffnung, durch immer noch weiter gesteigerte Selbstausbeutung endlich Erfolg zu haben – und sind dann enttäuscht und frustriert, wenn das nicht funktioniert.

Im Geschäftsleben werden keine Fleißpunkte verteilt!

Das rührt nicht an die Tatsache, dass Fleiß ein wesentlicher Erfolgfaktor ist und bleibt, aber nur, wenn er an der richtigen Stelle eingesetzt wird. Ein Gastronom erhält keinen Stundenlohn, also kann er seinen Gewinn auch nicht dadurch steigern, dass er immer mehr Stunden im Betrieb verbringt.

Es muss jedem Menschen klar sein, dass wir alle nur über eine begrenzte Menge an Energie verfügen. Wenn wir sie uneffektiv verpulvern, fehlt sie uns da, wo sie uns wirklich nach vorne bringen kann.

So mancher Gastronom könnte seinen Erfolg dadurch steigern, dass er seine Öffnungszeiten verringert. Was auf den ersten Blick unsinnig und paradox klingt, kann bei genauer Betrachtung jedoch durchaus Sinn machen – wenn die Voraussetzungen dafür gegeben sind.

In bestimmten Fällen kann eine Verkürzung der Öffnungszeiten den Erfolg steigern!

Natürlich trifft das nicht auf jeden Betrieb zu. Doch es gibt zahlreiche Beispiele dafür in meiner Praxis als Berater. Geradezu klassisch ist die Situation, dass ein Mittagsgeschäft aufrechterhalten wird, obwohl die Gästefrequenz seit langer Zeit sehr schwach und eine Verbesserung kaum zu erwarten ist. Wer meinetwegen seinen Betrieb in einem Wohngebiet angesiedelt hat, abseits viel befahrener Straßen, hat kaum Chancen, das Mittagsgeschäft entscheidend zu beleben. Wer dann aber trotzdem dauerhaft mittags auf hat, weil er glaubt, er sei schließlich auf jeden Cent, der in die Kasse kommt, angewiesen, macht einen Fehler.

Es ist schon genug, wenn der Gastronom seine eigene Arbeitszeit als wertlos ansieht. Wenn aber darüber hinaus noch die Küchentechnik mit Strom und Gas versorgt und die Gästeräume beheizt werden müssen, dann können die daraus resultierenden Kosten ebenso wenig ignoriert werden, wie Personalkosten für eine Küchenhilfe oder eine Servicekraft. Jeder Euro zusätzliche Kosten erzeugt Erfolgsdruck. So ist möglicherweise der zusätzlich eingenommene Euro teuer bezahlt und der zusätzliche persönliche Einsatz führt gar zu Verlusten. Viele lassen sich dann von den wenigen guten Tagen täuschen und nehmen dafür die vielen schlechten in Kauf. Da hilft aber nur eins:

### Die Kasse muss systematisch ausgewertet werden!

Stellen Sie über einen längeren Zeitraum fest, welchen Umsatz Sie zu welchen Tageszeiten machen. Es gibt dabei keine starren Regeln, ab welchem Umsatz es sich lohnt, zu bestimmten Zeiten geöffnet zu haben. Doch einen kleinen Anhaltspunkt möchte ich schon geben: Gehen wir davon aus, dass nach Abzug aller variablen Kosten (Wareneinsatz, Personal, Energie etc.) rund 20 % des Umsatzes für Sie verbleiben. Wenn Sie beispielsweise im Durchschnitt 100 Euro mittags erlösen, ergibt das einen rechnerischen Überschuss von 20 Euro. Wenn Sie dafür vier Stunden im Betrieb sind, erhalten Sie noch einen Stundenlohn von 5 Euro. Das kann kein angemessener Unternehmerlohn sein, wenn Sie doch für jeden Aushilfsjob an der Tankstelle oder als Putzkraft mehr bekommen würden!

### Richtig eingesetzte Zeit erhöht die Erfolgschancen!

Machen Sie dann lieber mittags zu und verwenden Sie die Hälfte der Zeit dafür, sich Gedanken darüber zu machen, wie Sie das Geschäft in der restlichen Zeit beleben können. Bemühen Sie Ihre Phantasie, planen Sie Neues, bleiben Sie spannend. Und in der anderen Hälfte der gewonnen Zeit machen Sie einfach, was Ihnen Spaß macht! Sie steigern so Ihre Lebensqualität und Ihre Lebensfreude. Es geht Ihnen besser, Sie wirken nicht so erschöpft und freuen sich auf die Arbeit. Das wird Ihren Gästen nicht entgehen!

57

AUFWAND:
EINER; NUR GUTE PLANUNG

NUTZEN:
ERHEBLICH; SORGT FÜR UMSATZPLUS

UMSETZBARKEIT:
SOFORT, WENN AKTIONEN IN PLANUNG SIND

# Aktionen
## nur zu festen Terminen

Eine regelmäßige Veranstaltung installieren oder ein bestimmtes Produkt oder eine spezielle Leistung neben dem üblichen Angebot wiederkehrend auf die Speisekarte zu bringen, diese Möglichkeiten gehören zu den effektivsten Methoden der Kundenbindung.

Trotzdem geht das in vielen Fällen schief, was meist an ganz einfachen Fehlern liegt. Sehr häufig scheitern derartige Maßnahmen an der zu komplizierten Terminierung. Und da Ihre Gäste sich ja nicht ausschließlich mit Ihnen beschäftigen, ist die Terminierung nur dann nicht zu kompliziert, wenn sie ganz einfach ist.

Schwer zu merkende Termine sind Erfolgskiller!

Ich will das anhand eines Beispiels verdeutlichen: Eine Kunde beklagte sich darüber, dass sein Grillabend nicht gut angenommen werde. Dabei ließ er extra jeweils ein Spanferkel offen grillen, damit die Gäste ein hautnahes Erlebnis haben.

Sein Fehler jedoch lag in der Terminierung. Jeden zweiten Samstag wurde gegrillt. Das mag ganz simpel klingen, aber der Gästefrust ist vorprogrammiert. Denn die Gäste wissen meist nicht, welcher Samstag gerade ist – der mit oder der ohne Grillabend.

Wer nun mit seinen Freunden anrückt, um Gegrilltes zu essen und dann erfährt, dass er am falschen Samstag gekommen ist, wird beim nächsten Mal gleich woanders hingehen. So schlägt eine eigentlich gute Idee ins Gegenteil um.

### Termine müssen simpel sein!

In diesem Fall gab es nur zwei Wege, das Problem zu lösen: Entweder es findet jeden Freitag ein Grillabend statt oder nur einmal im Monat – dann am besten am ersten Samstag im Monat.

Wer glaubt, er könne auch den zweiten, dritten oder vierten Samstag im Monat nehmen, erwartet neuerlich zu viel von seinen Gästen. Die haben nämlich keine Lust, im Kalender zu blättern, um nachzusehen, der wievielte Samstag im Monat gerade ist. Und sie wollen sich auch nicht merken müssen, ob Sie nun am zweiten oder dritten Wochenende grillen. Der erste Samstag im Monat hingegen geht leicht ins Gedächtnis und einer der ersten sieben Tage des Monats muss es dann ja auch sein.

Die feste Bindung eines bestimmten Angebotes an einen fixen Wochentag kann ein probates Mittel sein, um umsatzschwache Tage zu stärken. So bietet Jürgen Ihrig in seinem kleinen Gasthaus Dorfkatz in Falkengesäß jeden Dienstag ein spezielles Pfannkuchenangebot. Ganz gezielt hat er sich dafür den bislang umsatzschwächsten Wochentag ausgesucht.

Das Ergebnis ist so verblüffend wie erfreulich. Durch dieses regelmäßige Spezialangebot wurde der Dienstag zu einem umsatzstarken Tag – dem besten mit Ausnahme des Wochenendes.

### Wöchentlich wiederkehrende Spezialangebote können schwache Tage beleben!

Ich möchte aber davor warnen, den Schluss zu ziehen, dass man damit jeden Tag verbessern kann. Wenn Sie nämlich an jedem Wochentag ein anderes Spezialprogramm fahren, haben Sie wieder das Problem, dass Ihre Gäste nicht mehr wissen, wann es bei Ihnen eigentlich was gibt.

58

Aufwand:
Werbematerial erstellen,
Gäste ansprechen

Nutzen:
verbesserte Auslastung am
Wochenende

Umsetzbarkeit:
kurzfristig

# Der Businessgast als Wochenendgast

Wenn Sie in Ihrem Hotel vorwiegend Businessgäste beherbergen – seien es Seminarteilnehmer, Handlungsreisende oder Gäste von ortsansässigen Firmen –, dann kennen Sie das Problem: leere Betten am Wochenende. Eine Zauberlösung für dieses Thema kann ich Ihnen leider nicht anbieten, aber vielleicht ein gutes Mittel, um den Schmerz etwas zu lindern.

Leere Betten am Wochenende – das Problem des Businesshotels!

Versuchen Sie doch, Ihre Businessgäste als Kurzurlauber fürs Wochenende zu gewinnen. Der große Vorteil dabei ist, dass die Beworbenen Ihr Haus bereits kennen und hoffentlich auch schätzen; sie wissen also, was sie erwartet.

Ihnen als Betreiber verschafft das die Möglichkeit, ohne Streuverluste zu werben. Alles was Sie liefern müssen, sind Gründe, die es lohnenswert machen, Ihr Haus als Aufenthaltsort z. B. für einen Wochenendausflug zu wählen.

Vielleicht liegt der Grund schon in Ihrem Haus selbst, weil Sie über bemerkenswerte Wellness-Einrichtungen verfügen oder eine andere reizvolle Attraktion anzubieten haben. Wahrscheinlicher ist allerdings, dass sich die Gründe im Umfeld finden lassen. Erfreulicherweise hält jede Ecke Deutschlands Sehens- und Erlebenswertes parat – man muss die Augen nur offen halten.

Der angesprochene Gast war vielleicht schon mehrfach bei Ihnen, aber immer nur geschäftlich. Deshalb hatte er niemals Zeit, die schöne Gegend zu genießen, was ihm eigentlich leid tut (glauben Sie, ich bin selbst viel unterwegs und kenne das nur zu gut!).

### Geben Sie Ihrem Geschäftsgast die Chance, Ihr Haus und das Umfeld auch einmal privat und in Ruhe zu genießen!

Ob es sich nun um eine große Stadt handelt, die in Ihrer Nähe liegt, eine besondere Kirche oder ein herrliches Wandergebiet, ein idyllisch gelegener See oder ein archäologischer Fundort, ob man Rundflüge mit kleinen Flugzeugen machen oder eine gepflegte Partie Golf spielen kann – mit Sicherheit gibt es auch bei Ihnen um die Ecke Plätze und Einrichtungen, die für Fremde einen Besuch lohnenswert machen.

Genau hier können Sie den Hebel ansetzen. Teilen Sie Ihren Gästen mit, wie schade Sie es finden, dass er dieses oder jenes Sehenswerte noch gar nicht kennen gelernt hat. Erstellen Sie ein kurzes Informationsblatt oder einen Flyer, auf dem Sie die Vorzüge Ihrer Heimat vorstellen und geben Sie dies Ihrem Gast. Möglicherweise veranlasst das die angesprochenen Personen, zusammen mit Partnerin oder Partner oder mit der Familie ein paar Tage zu Ihnen zu kommen.

Zumindest steht es außer Frage, wo Ihre so angesprochenen Geschäftskunden einkehren, wenn sie sich zu einem Kurzurlaub in Ihrer Gegend entschließen. Da haben Ihre Mitbewerber kaum noch eine Chance.

Wenn Ihre Zimmerauslastung am Wochenende eher bescheiden ist, können Sie das Ganze durchaus preislich attraktiv verpacken, indem Sie z. B. Komplettangebote für Wochenendurlauber gestalten.

### Attraktive Wochenendarrangements verbessern die Chancen, Gäste zu gewinnen!

Natürlich können Sie auch ein schönes Menü mit ins Programm schnüren. Dabei gilt es allerdings zu bedenken, dass jede zusätzliche Leistung, die Sie mit in Ihr Angebot packen, den Preis anhebt. Wenn Sie jedoch den Gast mit einem verführerischen Preis locken wollen, erschwert jede Zusatzleistung diese Bemühung.

Weniger problematisch ist es da, pro Person und Abend einen Essensbon über beispielsweise fünf Euro mit in das Paket zu schnüren. In den meisten Fällen wird das bereits Anreiz genug sein für die Gäste, dann auch abends bei Ihnen essen.

Sie sollten sich bei all den Bemühungen aber nicht nur darauf beschränken, dem Gast einen Flyer zuzustecken. Sprechen Sie ihn direkt an und seien Sie nicht zu überrascht, wenn dann hin und wieder ein Gast sofort bucht.

59

AUFWAND:
ES MUSS AUF DEM ZIMMER SERVIERT WERDEN

NUTZEN:
MEHR GÄSTE UND HÖHERE PREISE DURCH EIN ATTRAKTIVES ANGEBOT

UMSETZBARKEIT:
KURZFRISTIG

# Candlelight-Dinner auf dem Zimmer

Manchmal werden gute Ideen aus der Not heraus geboren– so war es auch bei der hier dargestellten. Das übliche Problem von Business-Hotels ist die meist sehr schwache Auslastung an den Wochenenden. Da versucht jeder, sich etwas einfallen zu lassen. Einer meiner Kunden bot ein Pauschalangebot an, das neben einer Übernachtung mit Frühstück auch ein Candlelight-Dinner enthielt.

Die Nachfrage war zunächst eher mäßig und die wenigen Gäste, die das Angebot annahmen, waren teilweise etwas enttäuscht, weil ein weitgehend leeres Restaurant keine sehr anheimelnde Atmosphäre bietet.

Mit einem Candlelight-Dinner allein ist heute kein Staat mehr zu machen!

Hinzu kam, dass ein Personalaufwand betrieben werden musste, der jede Gewinnchance zunichte machte. Ein Koch, eine Servicekraft und womöglich nur zwei Gäste, die sich im leeren Lokal unwohl fühlen – das kann nicht gut gehen.

Auf der Suche nach einer Lösung kamen wir auf die Idee, das Candlelight-Dinner vom Restaurant aufs Zimmer zu verlegen, was sich als voller Erfolg erwies. Das Angebot war mit einem Mal wesentlich attraktiver, da etwas Besonderes geboten wurde. Ein schönes Nachtmahl, zu zweit und ungestört in einem schönen Hotelzimmer – das ist ein romantisches Erlebnis, das man nicht alle Tage hat.

Die Verlegung des Dinners vom Restaurant ins Zimmer bringt eine positive Wende!

Plötzlich war die Nachfrage wesentlich stärker, was auch dann nicht nachließ, als die Preise für das besondere Erlebnis spürbar angehoben wurden. Die Zahl der Gäste stieg und zugleich auch der Umsatz pro Gast – mehr kann man sich kaum wünschen. Schnell war zu erkennen, dass der Gast beim Dinner auf dem Zimmer leichter bereit ist, eine Flasche Sekt oder gar Champagner zu trinken als im Restaurant.

Da höhere Preise angesetzt werden können, lässt sich auch der unter Umständen erhöhte Reinigungsaufwand, der durch das Speisen auf dem Zimmer entsteht, gut verkraften.

Natürlich gilt es ein paar einfache Regeln zu beachten, damit ein solches Angebot auch zur vollen Zufriedenheit der Gäste abläuft. Die besondere Attraktivität liegt in der geschützten Privatsphäre, in der das Dinner stattfindet. Wo und bei welcher Gelegenheit die Gäste Ihre Speisen zu sich nehmen wollen, ist allein ihre Sache.

Von daher wäre es nur störend, wenn die Servicekraft immer wieder an die Tür klopft, um entweder einen neuen Gang aufzutragen, oder um nachzufragen, ob es noch Getränkewünsche gibt.

Eine intime Atmosphäre ist das Herzstück dieses Angebotes!

Sie müssen also entweder einen Weg finden, um das ganze Menü komplett zu servieren, oder allein der Gast entscheidet über das Telefon, wann er den jeweils nächsten Gang serviert haben möchte.

Selbstverständlich sind beide Varianten mit Schwierigkeiten verbunden. Wenn alles komplett serviert wird, müssen unter Umständen Wärme- bzw. Kältebehälter verwendet werden, was es nicht ganz leicht macht, das Ganze optisch ansprechend auf den Tisch zu bringen. Im anderen Fall müssen Sie für das Menü solche Speisen auswählen, die jeweils nach Bestellung kurzfristig servierfertig gemacht werden können.

Nach Möglichkeit ist die zweite Variante zu bevorzugen, da die Servicekraft dann schon bei der telefonischen Kontaktaufnahme durch den Gast diesen nach weiteren Wünschen wie beispielsweise Getränken fragen kann.

Aber vielleicht lassen Sie den Gast auch selbst wählen, was ihm lieber ist.

# 60 Sex sells – gerade im Hotel

Aufwand:
Einsatz an Phantasie und evtl. Geld

Nutzen:
verbesserte Auslastung; evtl. höhere Zimmerpreise

Umsetzbarkeit:
mittelfristig

Das wichtigste Utensil eines jeden Hotels ist das Bett. Denn genau das ist es, was der Hotelier seinem Gast verkauft, oder genauer gesagt: für einen bestimmten Zeitraum vermietet. Wer müde und erschöpft einen harten Arbeitstag zu Ende gebracht hat, ist froh, wenn er in ein weiches Bett schlüpfen kann, um endlich erholsamen Schlaf zu finden.

Nun ist es aber so, dass Müdigkeit nicht der einzige Grund ist, weshalb Menschen sich in Betten begeben. Da gibt es doch noch etwas!

### In Betten wird nicht nur geschlafen!

Es ist schon erstaunlich, in wie vielen Hotels bei der Zimmerausstattung die Tatsache einfach ignoriert zu werden scheint, dass dort auch Paare übernachten.

Manche von ihnen gehen überhaupt nur deshalb ins Hotel, weil es für sie – aus Gründen, die wir hier nicht weiter erörtern werden – außerhalb desselben kaum Gelegenheit für ein ungestörtes Zusammensein gibt. Die meisten gehören allerdings auch offiziell zusammen – ohne dabei den Spaß am Leben verloren zu haben. Ob es sich um frisch Verliebte handelt, oder um ein Ehepaar, das sich auf ein erotisches Wochenende ohne Kindergeschrei freut – fest steht, dass die Zimmer nicht nur gebucht werden, um darin friedlich und unschuldig zu schlafen.

Natürlich wissen Sie das. Vielleicht haben Sie sogar „Kuschelarrangements" im Angebot. Ich frage mich jedoch, warum man häufig Doppelbetten mit einer fünf Zentimeter breiten, aus hartem Holz bestehenden „Besucherritze" vorfindet? Es kann sehr unromantisch sein, da mit dem Knie aufzuschlagen!

Auch Lichtschalter mit Dimmer findet man höchst selten, oder Badewannen, die man auch zu zweit benutzen kann. Wer beispielsweise ein Kuschelwochenende anbietet, darf keine unbequemen Betten haben. Bei solchen Angeboten darf man sogar ein bisschen frivoler sein. Das im Tipp *Candlelight-Dinner auf dem Zimmer* beschriebene Angebot hat ja fraglos auch einen eindeutigen Hintergrund.

### Gute Ideen füllen Betten!

Im Hotel Hirsch in Rothenberg gibt es ein „Herzblattzimmer". Neben einem französischen Bett weist dieses Zimmer eine Glaswand auf, mit dem man vom Bett aus in die Dusche gucken kann. Mit solchen Ideen kann man vielleicht auch in Businesshotels am Wochenende die Betten leichter füllen.

# ✓ Verkauf

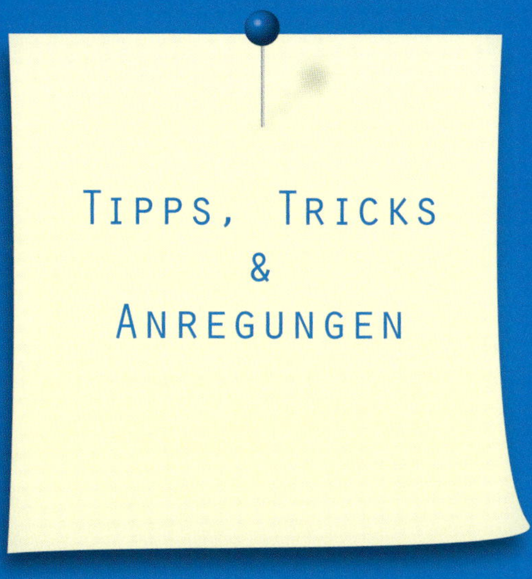

61

Aufwand:
kostet Zeit und Geld;
beides aber ist sehr gut
investiert

Nutzen:
die Suche nach neuen
Kunden ist unerlässlich

Umsetzbarkeit:
jederzeit und ohne
Aufschub

# Neukundenakquisition

## Viel zu gewinnen – nichts zu verlieren

Die Akquisition von Neukunden ist für die weit überwiegende Zahl der Hoteliers und Gastronomen, die ich kenne, keine Lieblingsbeschäftigung. Ich könnte wenigstens zwei Dutzend Einwände aufführen, die ich von meinen Kunden schon gehört habe, wenn ich ihnen dringend nahe legte, Zeit und Energie in die Akquisition neuer Kunden zu legen.

Auf den Einwand Nummer 1, dass man nicht dazu komme, weil man so viel anderes zu tun habe, gehe ich im Tipp *Top-Verdienst im Außendienst* ein.

Neukundenakquisition ist ein Muss! Alles andere ist eine Ausrede!

Doch es gibt noch einen Favoriten unter den Ausreden auf den ich näher eingehen möchte, einerseits, weil er häufig kommt, und andererseits, weil er in besonderem Maße falsch ist: Immer wieder sagen mir Hotel- und Gastrounternehmer, dass sie aktiven Verkauf, das Anschreiben und vor allem das Besuchen potentieller Kunden für zu aggressiv halten und vor allem befürchten Sie, dass das die angesprochenen Personen eher abschrecken als einladen würde.

Natürlich hängt das stark vom „Wie“ ab. Wenn Sie unfreundlich sind, sich schlecht benehmen und respektlos auftreten, wird das Ihr Image nicht verbessern, aber alles das tun Sie ja nicht.

Akquisition ist nicht aggressiv, sondern notwendig!

Diese Befürchtungen gelten nichts, und ich kann Sie sehr leicht zerstreuen: Selbstverständlich wollen Sie neue Gäste gewinnen, und es gibt da draußen auch sicher eine ganze Reihe von Personen, die Ihr Haus gerne aufsuchen würden. Aber leider wissen diese Menschen nichts von Ihnen, und wenn Sie sie nicht ansprechen, bleibt es auch dabei.

Das erste und damit das wichtigste Ziel des aktiven Verkaufs ist es, dass Ihr Betreib den Zielpersonen bekannt wird. Vorher haben Sie keine Chance, ins Geschäft zu kommen.

Stellen Sie sich vor, jemand plant eine große Feier anlässlich des 50. Gründungsjubiläums seines Unternehmens. Vielleicht hätten Sie das optimale Angebot für ihn, aber Sie haben keine Chance auf den Zuschlag, weil Sie erst gar nicht in Betracht kommen, da man Sie nicht kennt. Wäre das nicht jammerschade, wenn Ihnen auf diese Weise der Auftrag des Jahres durch die Lappen geht - nur weil Sie nicht aufdringlich sein wollten? Glauben Sie mir, den Umsatz holt sich stattdessen ein Kollege, der diese Scheu nicht hat!

Falsche Bescheidenheit und vornehme Zurückhaltung nützen nur Ihren Konkurrenten!

Ich will ja nicht gemein sein, aber ein bisschen strapaziere ich Ihre Phantasie noch. Stellen Sie sich also vor, den Auftrag für die große Firmenfeier hat ein Mitbewerber bekommen. Kurz nach der Jubiläumsfeier verschlägt es den Unternehmer mehr oder weniger zufällig in Ihren Betrieb. Er genießt Ihr Ambiente, erfreut sich am herzlichen Service und lässt sich Ihre leckeren Speisen munden. Und zum Abschied kommt er zu Ihnen, bedankt sich und sagt seufzend: „Ach, wenn ich das schon früher gekannt hätte, wäre ich mit meiner Feier wahrscheinlich zu Ihnen gekommen.“ Wollen Sie diesen Satz hören?

Nur wer Sie kennt, kann auch bei Ihnen kaufen!

Wenn Sie nun aber tatsächlich - was im Übrigen aber nur sehr selten passiert - mit Ihrer Kontaktaufnahme Ihre Zielperson eher nerven als begeistern, ist auch nichts Schlimmes passiert. Denn bei der Akquisition neuer Kunden können Sie nur gewinnen, aber nichts verlieren. Denn Ihre Ansprechpartner sind ausnahmslos Leute, die bisher noch nicht Ihre Kunden sind. Und das Schlimmste, was passieren kann, ist, dass es genauso bleibt: Ein Nichtkunde bleibt ein Nichtkunde. Das ist nicht weiter schlimm, sondern nur das, was ohnehin schon ist.

Schlimmstenfalls passiert nichts!

Wenn Sie jedoch aktiv werden, kehrt der Angesprochene vielleicht schon morgen bei Ihnen ein!

Sie sehen also, dass Sie nichts zu verlieren haben - aber viel zu gewinnen!

62

Aufwand:
Geduld; Selbstbewusstsein,
evtl. Schulung

Nutzen:
mehr Gewinn, da weniger
Rabatt

Umsetzbarkeit:
beim nächsten Verkaufs-
gespräch

# Der Preis ist Spiegel Ihrer Leistung

Im Normalfall sollten Ihre Preise Ergebnis einer soliden Kalkulation sein. Vor allem bei Veranstaltungen oder Cateringaufträgen ist eine solche Kalkulation durchaus aufwändig. Das heißt, der Preis, den Sie am Ende ermitteln, ist so bemessen, dass Ihre Kosten gedeckt sind und dass die vorgesehene und notwendige Gewinnmarge eingerechnet ist. Sobald Sie Preisnachlässe gewähren, ohne Abstriche an der Leistung vorzunehmen, gehen diese Preisnachlässe ausschließlich zu Lasten Ihres Gewinns. Ihre Kalkulation ist dann nur noch Makulatur.

Obwohl dies eine ganz offensichtliche Wahrheit ist, erlebe ich oft, dass das Gewähren eines Rabatts das erste Mittel der Wahl ist, wenn der Kunde nicht sofort kauft. Im Tipp *Erfolg mittels gezielter Pause* wird erläutert, wie leicht es ist, einen Gesprächspartner zu verunsichern. In unserem Fall führt es oft dazu, dass das Ausbleiben einer Kundenentscheidung eine Art „Rabattreflex" auslöst und ohne Not Preisnachlässe angeboten werden. Erst recht wenn der Kunde mehr oder weniger deutlich zu erkennen gibt, dass er das unterbreitete Angebot für teuer hält.

Lassen Sie sich nicht verunsichern, nur weil der Kunde nicht gleich „Ja" sagt!

Man darf hier getrost die Frage stellen, wieso man sich erst die Mühe macht, zu kalkulieren, wenn man den daraus resultierenden Preis beim ersten scharfen Blick über Bord wirft? Weil man verunsichert ist, weil man den Auftrag gerne haben möchte, und weil man einen gravierenden Denkfehler macht: Während man selbst verunsichert ist, unterstellt man seinem Gegenüber absolute Coolness. Vergessen Sie das! Sie können getrost davon ausgehen, dass Ihr Gesprächspartner auch nicht cooler ist als Sie. Ganz im Gegenteil: Während Verkaufsgespräche für Sie zum Alltag gehören, ist das für Ihren Gast vermutlich eine Sondersituation.

Daher gibt es weit seltener wirklichen Anlass zu Preisnachlässen, als man gemeinhin glaubt. Denn den reinen Schnäppchenjäger dürfen Sie getrost vergessen. An dem haben Sie ohnehin keine Freude, weil er mit einiger Wahrscheinlichkeit auch ein Nörgler ist, mit dem Sie am Ende noch über die Rechnung streiten. Viel wichtiger ist etwas anderes.

Der durchschnittliche Kunde will lediglich einen gerechten Preis!

Wenn der Kunde mit seiner Entscheidung zögert, sollten Sie kein niedrigeres Angebot unterbreiten, sondern fragen, was noch unklar ist und woran die Entscheidung hängt. Nennt er dann tatsächlich die Kosten als Hemmschuh, sollten Sie ihm nochmals auseinandersetzen, was er für sein Geld bekommt. Falls das Gebotene seinen Etat übersteigt, müssen Sie ihn fragen, an welcher Stelle man Abstriche machen soll – und das kann nicht nur beim Preis sein! Niemand verkauft Ihnen einen großen, neuen BMW, wenn Ihr Geld nur für einen Renault Twingo reicht.

Sie dürfen nicht der einzige sein, der Abstriche macht!

Wenn der Kunde weniger bezahlen will, als Ihr solide kalkulierter Preis ergibt, können Sie den Preis nur reduzieren, wenn auch die Leistung zurückgefahren wird, also beispielsweise Schweinemedaillon statt Rinderfilet, Sekt statt Champagner, Musik vom Band statt einer Live-Band und vieles mehr, was den Preis reduziert, ohne dass es Ihre kalkulierte Gewinnmarge verringert.

Passen Sie das Angebot den finanziellen Vorstellungen des Kunden an!

Der Preisnachlass ohne Leistungsreduzierung kann nur das letzte Mittel sein, wenn Sie merken, dass am Ende genau daran der Auftrag hängt. Es gibt Leute, die brauchen das persönliche Erfolgserlebnis beim Feilschen zu ihrer Selbstbestätigung. Dazu reicht meist ein kleiner, eher symbolischer Rabatt. Den sollten Sie in diesem Fall gewähren.

63

Aufwand:
Schulung, zusätzliche Personalkosten

Nutzen:
unverzichtbar für jeden Hotelier – überlebenswichtig

Umsetzbarkeit:
nach Schulung sofort

# Topverdienst im Außendienst

Wer mit Leib und Seele ein Hotel betreibt, ist vor allem Gastgeber. Der Hotelier ist es gewohnt, dass die Leute zu ihm kommen und nicht umgekehrt. Das mag der Grund sein, warum es oft so schwer ist, Hoteliers dazu zu bewegen, ihr Haus zu verlassen, um selbiges im Außendienst zu vertreten, sei es bei Reiseunternehmern, Seminarveranstaltern, Firmen oder anderen Organisationen. Jedenfalls habe ich es sehr oft erlebt, dass ein Betrieb erst in der Krise stecken muss, damit der Betreiber sich endlich anschickt, aktiv seine Zimmer zu verkaufen – und bisweilen nicht mal dann.

Viele Hoteliers denken erst in der Krise an Außendienst!

Dabei ist sehr häufig der fehlende Außendienst die eigentliche Ursache für wirtschaftliche Probleme. Fehlende Akquisition führt zu mangelnder Auslastung, und diese wiederum zieht den Betrieb in die Krise.

Ich kenne aus meiner Erfahrung fast jede Ausrede, die Hoteliers einfällt, um sich vor den ungeliebten Verkaufsreisen zu drücken. „Keine Zeit" ist natürlich der Favorit, wie bei vielen anderen Dingen im Leben. Daneben erlebe ich seltsame Methoden, die angewandt werden, um das eigene schlechte Gewissen zu beruhigen. Ich erinnere mich an einen Hotelbetreiber aus dem Badischen, der nicht weniger als drei Mal mein Verkaufsseminar besuchte, ohne jedoch anschließend aktiv zu werden. Natürlich ist eine Schulung unerlässlich, aber die Schulung allein macht keinen Umsatz. Erst als seine Bank aufgrund deutlicher Umsatzrückgänge Druck ausübte, raffte er sich auf – mit Erfolg! Und zu seinem eigenen Erstaunen machte ihm das Ganze auch viel Spaß.

Die meisten sind überrascht, wie viel Spaß ihnen der Außendienst macht, wenn sie erst einmal loslegen!

Das ist ein Phänomen, das ich häufig beobachten konnte. Auch Menschen, die erhebliche Angst vor dem Außendienst hatten, und sich fühlten, als müssten sie wie ein Staubsaugervertreter von Tür zu Tür ziehen, fanden viel Gefallen daran, Firmen zu besuchen, das eigene Haus zu präsentieren und Abschlüsse zu machen.

Zum einen stellen die meisten fest, dass sich alle Befürchtungen, man könnte ständig auf unfreundliche, desinteressierte und abweisende Gesprächspartner stoßen, haltlos sind. Und zum anderen empfinden sehr viele diese „Ausflüge" als willkommene Abwechslung zum Alltagstrott im Hotel.

In Wirklichkeit geht es dabei natürlich nicht um einen Ausflug, sondern um die wichtigste und ertragreichste Tätigkeit des Hoteliers.

Eine der oben angesprochenen Ausreden, die ich häufig höre, lautet, dass man nicht in den Außendienst gehen könne, weil man unverzichtbar in Küche, im Service oder an der Rezeption gebraucht würde.

Mit Verlaub: Etwas kaufmännisch Unsinnigeres kann man kaum von sich geben!

Der aktive Verkauf im Außendienst ist nämlich in Wahrheit die Tätigkeit, mit der der Hotelier mehr Geld verdienen kann als mit jeder anderen Tätigkeit in seinem Haus!!

Mit keiner Tätigkeit kann der Hotelier so viel Geld verdienen wie mit dem Außendienst!

Natürlich kann es auch einmal sein, dass Sie eine zweitägige Vertriebsreise unternehmen und mit leeren Händen nach Hause kommen. Ein anderes Mal aber akquirieren Sie ein Busfahrt, die Ihnen 10.000 Euro Umsatz einbringt, oder ein Seminar mit zwanzig Teilnehmern oder auch nur eine Firmenfeier in Ihrem Restaurant. Auch das bringt zumindest einige hundert Euro Umsatz.

Gerade in den Tagen, in denen ich dieses Buch schreibe, habe ich mit einem Kunden, der nun seit knapp einem Vierteljahr ab und an im Außendienst Busunternehmer und Firmen besucht, eine erste Bilanz gezogen. An insgesamt 12 Tagen war er unterwegs gewesen, einmal zwei Tage am Stück, und das eine oder andere Mal nur für ein paar Stunden. Über die Ausbeute war keiner mehr erstaunt als er selbst. Etwas mehr als 12.000 Euro Umsatz konnte er akquirieren. Dabei war noch nicht berücksichtigt, dass zwei Busunternehmer planen, sein Haus im kommenden Herbst mit ins Programm zu nehmen! Pro Tag Außendienst beschaffte er zusätzliche Umsätze von mehr als 1.000 Euro! Er wird nie wieder sagen, dass er nicht rausfahren kann, weil er im Service gebraucht wird.

64

# Dem Kunden die Entscheidung abnehmen

Wer auch immer glaubt, dass Menschen sich gerne selbst entscheiden, irrt. Zumindest gilt das für die allermeisten von uns. Seltsamerweise ist diese Tatsache allerdings den meisten Menschen nicht bewusst. Gerade Verkäufer – und jeder Gastronom oder Hotelier ist auch ein solcher – machen aus diesem Grund häufig leicht vermeidbare Fehler.

AUFWAND:
EVTL. SCHULUNG

NUTZEN:
MEHR ABSCHLÜSSE IM VERKAUF

UMSETZBARKEIT:
SCHON BEIM NÄCHSTEN VERKAUFSGESPRÄCH

## Die meisten von uns entscheiden sich nicht gerne!

Wenn ein Kunde seinen Geburtstag oder eine Hochzeit plant, wenn es um Seminarbuchungen geht oder auch nur um die Auswahl des Desserts, dürfen Sie getrost davon ausgehen, dass er Ihnen vertraut. Ja noch mehr, er begibt sich in Ihre Hände, weil Sie schließlich ein Fachmann sind. Von einem Fachmann aber wird erwartet, dass er weiß, was gut und was schlecht ist. Wenn Sie Ihren Kunden eine große Auswahl bieten – und dies geschieht oft in bester Absicht – sind diese meistens überfordert. Wenn ein Gast von Anfang an genau weiß, was er will, wird er Ihnen das sagen. Andernfalls erwartet er, dass Sie ihn gut beraten und lenken. Tun Sie das!

## Führen Sie den Gast zur richtigen Entscheidung!

Erfahrene Verkäufer wissen das ganz genau. Der Verkaufsprofi ist sich dessen bewusst, dass sich der Kunde an ihn wendet, weil er von seinem Fachgebiet in aller Regel mehr Ahnung hat als er selbst. Er erwartet vom Verkäufer eine faire Beratung und eine klare Entscheidungshilfe. Der Verkäufer sollte die seiner Meinung nach beste Lösung vorschlagen. Das Mindeste, was der Verkäufer tun muss, ist es, die Auswahl so weit einzuengen, dass der Kunde nur noch zwischen wenigen unterschiedlichen Produkten wählen muss.

Ob es sich dabei um neue Autoreifen, ein Rennrad, einen Tennisschläger, ein Abendkleid, oder eben um ein Speisenangebot handelt, spielt dabei im Prinzip keine Rolle. Die wirkenden Mechanismen sind immer gleich.

Wenn Sie dem Kunden schlüssig erklären, warum Ihr Vorschlag optimal für ihn ist, wird er Ihnen mit hoher Wahrscheinlichkeit folgen.

65

# 10 Sekunden

## oder 3 Sätze

Verdrehen Sie auch manchmal die Augen, wenn Ihr Briefkasten wieder einmal vor Werbung überquillt? Wie gehen Sie mit dem Werbewust um? Lesen Sie ellenlange Schreiben, in denen irgendwelche Produkte angepriesen werden? Wohl kaum, dafür haben Sie einfach keine Zeit. Derlei Werbung wandert ungelesen im Papierkorb. Dabei kann kein Zweifel daran bestehen, dass das eine oder andere Angebot für Sie von Interesse wäre. Leider erfahren Sie das nie, weil die Form der Präsentation unakzeptabel ist.

Wie aber sehen Ihre Werbebriefe aus? Können Sie davon ausgehen, dass sie auch gelesen werden? Oder machen Sie die gleichen Fehler wie andere auch?

### Ein Werbebrief soll neugierig machen und nicht informieren!

Beschränken Sie sich auf eine Kernaussage. Wer glaubt, mit einem Werbeschreiben ausführliche Informationen vermitteln zu können, ist gründlich auf dem Holzweg. Natürlich mag es Ausnahmen geben, und vielleicht befindet sich unter Ihren Adressaten auch ein gemütlicher Rentner, der Zeit genug hat, um mehrseitige Briefe zu lesen. Im Alltagsgeschäft aber gilt eine einfache Regel: Du hast 10 Sekunden oder 3 Sätze!

Mehr Zeit nehmen sich die Leute nicht beim Blick in die tägliche Post. Das ist wissenschaftlich untersucht. Und das gilt es dringend zu beachten!

### Die Kunst liegt in der Beschränkung!

Daraus ergeben sich klare Konsequenzen: Nicht umfassende Information ist gefragt, sondern totale Beschränkung. Sie können in einem Anschreiben nicht alles aufzählen, was Sie können, sondern Sie müssen sich auf zentrale Punkte beschränken.

In meinen Verkaufsseminaren stelle ich den Teilnehmern regelmäßig folgende Aufgabe: Schreiben Sie einen Brief, warum ich mein Seminar in Ihrem Hotel abhalten soll (oder warum ich mit meiner Reisegruppe zu Ihnen kommen soll etc., je nach Ausrichtung des Hauses). Verwenden Sie für den Brief nur drei Sätze. Das ist zu Beginn nicht leicht, bringt Sie aber dazu, Briefe zu schreiben, die auch gelesen werden. Nur dann haben Sie eine Chance.

AUFWAND:
ÜBUNG; EVTL. SCHULUNG

NUTZEN:
BRIEFE WERDEN GELESEN;
HÖHERE EFFIZIENZ DER WERBUNG

UMSETZBARKEIT:
BEIM NÄCHSTEN MAILING

AUFWAND:
IDEENENTWICKLUNG, GERINGE KOSTEN

NUTZEN:
DEUTLICH ERHÖHTE EFFIZIENZ DER ANSCHREIBEN

UMSETZBARKEIT:
PROBLEMLOS

66

# Memo – man erinnert sich an Ihren Brief

Dass Briefe kurz und bündig sein müssen, habe ich im Tipp *10 Sekunden oder 3 Sätze* dargelegt. Dadurch erhöht sich die Wahrscheinlichkeit, dass der Brief überhaupt gelesen wird. Aber das bedeutet noch nicht, dass der Empfänger den Brief auch im Gedächtnis behält. Das aber ist dringend erforderlich, wenn Sie später nachtelefonieren wollen, und sich dabei auf Ihren Brief beziehen.

Kurz und bündig ist notwendig, aber nicht ausreichend!

Vor Jahren leitete ich ein Werbeaktion, die ich mit drei Mitarbeitern im klassischen Dreischrittverfahren (Brief – Telefon – Besuch) durchging. Wir verschickten also zunächst Briefe und fassten dann telefonisch nach. Alle vier machten wir die gleichen Erfahrungen: Nur ganz Wenige konnten sich an unser Schreiben erinnern. Die meisten hatten keine Ahnung, ob sie unseren Brief jemals in Händen gehabt hatten. Wir überlegten, wie wir auf diese frustrierende Erfahrung reagieren sollten.

Am Ende beschlossen wir, eine zunächst recht frech erscheinende Idee in die Tat umzusetzen: Wir telefonierten wie bisher weiter, bezogen uns also nach wie vor auf das ausgegangene Schreiben, jedoch ohne diesen Brief überhaupt weggeschickt zu haben! Das Resultat war verblüffend. Es hatte sich fast nichts geändert! Nach wie vor sagten die meisten, dass sie nicht wüssten, ob sie den Brief erhalten hätten. Zu unserem nicht geringen Erstaunen gab es sogar Menschen, die den Eingang unserer Post bestätigten (obwohl wir nie einen Brief verschickt hatten!). Nur wenige wussten sicher, ein solches Schreiben nicht erhalten zu haben, was für uns wiederum ein sicherer Hinweis darauf war, dass der Adressat echtes Interesse an der Sache hatte.

Es zeigt sich also, dass kurz und bündig nicht ausreicht, damit unser Brief in Erinnerung bleibt. Sie sollten auf das Versenden von Briefen nicht unbedingt verzichten, da ein Brief auch fraglos eine Vertrauensbasis bildet, wenn er wahrgenommen wird.

Memos machen den Brief unverwechselbar!

Damit er wahrgenommen und in Erinnerung bleibt, empfiehlt sich die Arbeit mit sogenannten „Memos“. Als „Memos“ bezeichnet man kleine Anhängsel, die einem Brief beigelegt oder auf diesen aufgeklebt werden. Sie sollen später, zum Beispiel beim Nachtelefonieren, als Aufhänger dienen, um sich leichter beim Gesprächspartner in Erinnerung zu bringen.

Ich will die Wirkung eines Memos am Beispiel eines Anschreibens zeigen, das wir an eine Firma senden, die wir auf uns als Seminarhotel hinweisen wollen.

> *Sehr geehrter Herr Müller,*
>
> *um ein erfolgreiches Seminar durchzuführen, müssen verschiedene Faktoren zusammenpassen wie die Teile eines Puzzles.*
>
> *Eines der Puzzleteile ist dabei die Auswahl des richtigen Hotels als Veranstaltungsort.*
>
> *Wir werden Sie in den nächsten Tagen anrufen, um Ihnen zu zeigen, warum wir der ideale Partner für Sie sind.*
>
> *Mit freundlichen Grüßen*

Das zu verwendende Memo ist logischerweise ein Puzzleteilchen, das man auf den Brief mit aufklebt. Diese Methode hat sich in der Praxis bewährt. Wenn Sie sich später am Telefon auf den Brief mit dem Puzzleteil beziehen, können sich die meisten daran erinnern.

Der Einsatz ist verschwindend gering. Für zehn Euro können Sie ein 1000-Teile-Puzzle kaufen. Da kostet ein Teilchen gerade einen Cent.

Natürlich muss je nach Anlass ein passendes Memo gefunden werden. Auf meinen Verkaufsschulungen entwickeln wir immer wieder neue Ideen, von denen ich Ihnen gerne ein paar präsentiere: Daunenfeder – Hinweis auf die bequemen Betten, Erbse – Die Prinzessin auf der Erbse würde ungestört schlafen, Päckchen Zucker – Wir werden Ihren Urlaub versüßen, Streichholz/Wunderkerze – Eine zündende Idee, Rosenblätter – Einladung zum Wellness-Wochenende, Kordel/Schnur – Wir schnüren ein interessantes Paket, Murmel – Ein Aufenthalt bei uns ist eine runde Sache.

Jeder Anlass braucht ein passendes Memo!

Es ließen sich noch unendlich viele Beispiele finden. Auf jedem meiner Verkaufs-Seminare kommen immer neue, attraktive Ideen dazu.

Man sollte jedoch darauf achten, dass der Schuss nicht nach hinten losgeht. Es ist sicher originell in eine Einladung zu einem Karnevals-Event eine Handvoll Konfetti in den Brief zu legen. Ob sich aber jeder darüber freut, wenn er am Ende Dutzende winziger Papierschnipsel aus dem Teppichboden fummeln muss, wage ich zu bezweifeln.

67

# Aperitif aktiv verkaufen

Die Gäste, die sich abends in Ihrem Lokal einfinden, wissen, dass sie sich einen Luxus gönnen und dass sie sich das etwas kosten lassen. Dafür erwarten sie allerdings auch Luxus. Je nach Art des gastronomischen Betriebs fällt dieser Luxus natürlich ganz unterschiedlich aus, aber wenn man sich einen Restaurantbesuch gönnt, sollten wenigstens ein paar besondere Details berücksichtigt werden.

AUFWAND:
MITARBEITERSCHULUNG

NUTZEN:
UMSATZSTEIGERUNG, ERHÖHTE GÄSTEZUFRIEDENHEIT

UMSETZBARKEIT:
KURZFRISTIG

Ein Aperitif z. B. ist ein gutes Mittel zur Einstimmung auf den Abend. Doch auch wenn es seltsam klingt: Die Gäste wissen oft gar nicht, was Ihnen gut tut.

Helfen Sie Ihren Gästen, Genuss zu finden!

Glauben Sie mir: Der Gast hat großes Vertrauen zu Ihnen. Hätte er das nicht, würde er wohl kaum essen, was Sie ihm vorsetzen. Er vertraut darauf, dass Ihr Küchenteam gut kochen kann, dass frische Produkte verarbeitet werden und dass alles hygienisch zugeht.

Aus diesem Grund vertraut er Ihnen auch, wenn Sie ihm vor dem Essen einen Aperitif empfehlen. Um dies mit Erfolg machen zu können, müssen allerdings ein paar einfache Regeln befolgt werden, von denen eine die wichtigste ist:

Empfehlen Sie nur Konkretes!

Gemeint ist, dass Sie Ihre Gäste nicht fragen sollen, ob sie überhaupt einen Aperitif möchten, sondern dass Sie ganz konkret einen bestimmten Aperitif, beispielsweise ein Glas Sekt, anbieten sollen.

Eine zweite Regel besagt, dass der richtige Zeitpunkt dafür derjenige ist, wenn die Speisekarten zum Tisch gebracht werden.

Im aktiven Verkauf von Aperitifs steckt im Abendgeschäft ein nicht unerhebliches Potential für zusätzliche Umsätze.

Um diese Umsätze zu realisieren – und das ist die dritte Regel – sollten Ihre Servicekräfte geschult werden, damit sie den aktiven Verkauf richtig durchführen. Aus zahllosen Verlaufstrainings und vielfacher Erprobung in der Praxis weiß ich, mit welchem Verkaufsspruch man den größten Erfolg hat.

„Wie wäre es mit einem Glas Sekt vorweg?"

# Dessert-Verkauf

## über den Bauch

Mal ganz ehrlich: Gibt es etwas Unvernünftigeres, als sich nach einer üppigen Mahlzeit ein Dessert zu bestellen? Satt ist man schon, das Dessert kostet Geld, und obendrein macht es dick!

Aufwand:
Mitarbeiterschulung

Nutzen:
Umsatzsteigerung, erhöhte Gästezufriedenheit

Umsetzbarkeit:
kurzfristig

Aber eine leckere Nachspeise ist fraglos eine herrliche Abrundung für ein gelungenes Essen. Und ebenso fraglos kommen insbesondere Ihre Abendgäste, um sich bei Ihnen verwöhnen zu lassen und um sich etwas zu gönnen. Sie müssen sich Ihrer Rolle bewusst werden:

Sie sind der Genussbeauftragte Ihres Gastes!

Es ist Ihre Aufgabe, den Gast zu verführen, und im Grunde seines Herzens erwartet der Gast das auch von Ihnen. Aber mehr noch als beim Verkauf von Aperitifs, Digestifs oder sonstigen Extras gilt es beim Thema Dessert an den Bauch des Gastes, vielmehr an seine Zunge und seinen Gaumen zu appellieren und nicht an seinen Kopf.

Wenn Sie den Gast fragen, ob er noch eine Nachspeise wünsche, oder gar, ob Sie die Dessertkarte bringen sollen, sind das Fragen an den Kopf. Der Kopf aber hat, wie oben dargelegt, drei gute Gründe, „Nein“ zu sagen.

Wenn Sie jedoch eine konkrete Nachspeise anbieten, dann entsteht im Gast ebenfalls eine konkrete Vorstellung. Das Wort „Dessertkarte“ hat für einen satten Menschen wenig Verführerisches, „Mousse au chocolat“ hingegen wirkt bei den meisten Menschen sehr wohl verführerisch.

Appellieren Sie an den Bauch des Gastes!

Bei einem konkreten Angebot richtet sich die Frage eben nicht an den Verstand, sondern eher an die Lust des Gastes. Und wenn es um Lust geht, sind wir alle mehr oder weniger verführbar. Machen Sie sich diese Tatsache zunutze! Steigern Sie das Vergnügen des Gastes und zugleich Ihren Umsatz!

Mit dem richtigen Spruch haben Sie und Ihr Serviceteam den nötigen Erfolg:

„Wie wäre es zur Abrundung mit einer leckeren Mousse au chocolat?“

69

AUFWAND:
MITARBEITERSCHULUNG

NUTZEN:
UMSATZSTEIGERUNG, ERHÖHTE
GÄSTEZUFRIEDENHEIT

UMSETZBARKEIT:
KURZFRISTIG

# Kaffee oder Absacker?

So mancher Verkaufstrick, mit dem man vor 20 Jahren die Gäste noch rumkriegen konnte, gehört heute zum Allgemeinwissen. Schließlich besuchen inzwischen viele Menschen Verkaufstrainings, haben das eine oder andere gelesen und in den Medien mitbekommen.

Vorsicht mit Verkaufstricks!

Aus diesem Grund können psychologische Spielchen nur mit großer Vorsicht eingesetzt werden. Aber einmal am Abend kann man es trotzdem versuchen.

Eine beliebte Verkaufsmasche ist die „Entweder-oder-Frage". Dabei lässt man den Kunden oder Gast möglichst nicht selbst wählen, ob er überhaupt noch etwas haben möchte, sondern bietet ihm stattdessen zwei Varianten zur Auswahl an.

Der Grundgedanke ist, dass der Gast nicht darüber nachdenken soll, ob er überhaupt etwas kaufen möchte, sondern möglichst nur darüber, für welches Produkt er sich entscheiden will.

Wenn der Gast keine Wünsche mehr äußert und erkennbar ist, dass er bald nach der Rechnung verlangt, wird es höchste Zeit, noch ein Heißgetränk oder ein Verdauungsschnäpschen zu verkaufen.

Bei Kaffee und Absacker klappt die „Entweder-oder-Frage"!

Natürlich gilt es auch hier, möglichst konkrete Produkte anzubieten, wobei ich den Begriff „Absacker" durchaus durchgehen lasse, wenn der Begriff zu Ihrem Lokal passt. Noch besser ist es allerdings, ein klar bezeichnetes Getränk zu benennen.

Auch hier gilt: Schulen Sie Ihr Service-Team und steigern Sie Ihren Umsatz, in dem Sie aktives Verkaufen richtig anwenden. Denn am Ende hat auch der Gast ein Plus an Genuss für wenig Geld.

„Möchten Sie zum Abschluss noch einen Cappuccino oder lieber einen Grappa?"

70

# Räuberteller

Wer Familien mit Kindern anlocken will, muss sich etwas einfallen lassen. Die üblichen Malutensilien und Spielgeräte sind das eine, aber auch das Speisenangebot muss stimmen. Gerade dabei ist darauf zu achten, dass Familien mit Kindern nicht unbedingt zur zahlungskräftigsten Klientel gehören.

### Familien mit Kindern müssen meist aufs Geld achten!

In mehreren Gaststätten in Deutschland wird eine sehr originelle Idee präsentiert, indem sie neben den üblichen einfachen, kleinen Gerichten für Kinder einen „Räuberteller“ anbieten, der den sensationellen Preis von 0,00€ ausweist. Sie haben ganz richtig gelesen!

Dabei haben sich die Kollegen noch nicht einmal verkalkuliert: Sein Wareneinsatz liegt nämlich ebenfalls bei Null. Aber es gibt natürlich trotzdem etwas fürs Geld, nämlich einen leeren Teller und Besteck, um – und jetzt kommt's – vom Teller der Eltern zu räubern!

### Räuberteller – ideal bei kleinen Kindern!

Falls Sie sich nun Sorgen darum machen, dass Sie dann ja an die Kleinen nichts verkaufen, sondern nur an die Eltern, sei Ihnen einerseits gesagt, dass die Kinder sicher irgendetwas trinken, und dass Sie ohne dieses Zugeständnis möglicherweise weder den Kindern noch den Eltern etwas verkauft hätten, weil die Familie erst gar nicht zu Ihnen gekommen wäre.

Vermutlich verlieren Sie am Ende überhaupt keinen Umsatz. Wenn Sie sich nicht durch das Servieren unbezwingbarer Portionen selbst betrügen, ist zu bedenken, dass den Eltern der Teil des Essens fehlt, den die Kinder verzehrt haben.

### Verkaufen Sie Desserts statt Pommes!

So kann es gut sein, dass Ihre Gäste noch Appetit auf ein Dessert haben. Und das ist für allemal lukrativer, als wenn Sie den Kindern für kleines Geld eine Portion Pommes mit Ketchup gereicht hätten.

AUFWAND:
MINIMAL; ERGÄNZUNG DER SPEISEKARTE

NUTZEN:
VERBESSERTES ANGEBOT FÜR FAMILIEN; POSITIVE MUND-PROPAGANDA

UMSETZBARKEIT:
KURZFRISTIG

71

Aufwand:
keiner

Nutzen:
verbesserte Gesprächsatmosphäre

Umsetzbarkeit:
beim nächsten Gespräch

## Gesprächspartner richtig platzieren

Manchmal unterschätzen wir die Wirkung von scheinbar unbedeutenden Kleinigkeiten. Eine davon ist es, wie man sich zu seinem Gesprächspartner an den Tisch setzt. Und wenn Sie sich jetzt fragen, ob man sich falsch hinsetzen kann, lautet die Antwort eindeutig: Ja, man kann!

Ob man sich aufrecht in den Stuhl setzt oder sich hinlümmelt, ist natürlich auch von Bedeutung, aber ich gehe davon aus, dass man das voraussetzen kann. Worum es mir jetzt geht, ist die Frage, ob ich mich meinem Gesprächspartner direkt gegenüber niederlasse oder ich mich so an den Tisch setze, dass man übers Eck sitzt.

Die Position gegenüber meinem Gesprächspartner ist nicht ohne Bedeutung.

Die frontale Position ist nur dann anzustreben, wenn Distanz bewusst angestrebt wird. Das bietet sich beispielsweise an, wenn Sie einen Mitarbeiter zurechtweisen wollen, und empfiehlt sich noch mehr, wenn ein Lieferant Sie besucht. Der will Ihnen nämlich möglichst viel verkaufen, Sie aber wollen sich nicht alles aufschwatzen lassen.

Wenn Sie hingegen ein Verkaufsgespräch führen, oder wenn Sie Ihrem Banker eine Idee präsentieren wollen, sollten Sie die frontale Sitzposition nach Möglichkeit vermeiden. Wenn Sie sich übers Eck im 90 Grad Winkel neben den Kunden setzen, ist die Atmosphäre wesentlich lockerer. Sie bauen keine künstliche Barriere auf, so dass es leichter ist, den Gesprächspartner zu öffnen und zu überzeugen.

Keine Barrieren aufbauen, wenn Sie Menschen für sich und Ihre Ideen gewinnen wollen!

Das gilt auch für Gespräche mit Mitarbeitern, wenn Sie diese zu einer besonderen Leistung motivieren oder für Neuerungen gewinnen wollen. Der Vorteil dieser Vorgehensweise lässt sich ganz bildlich erklären: Wenn Sie Menschen auf Ihre Seite ziehen wollen, empfiehlt es sich, kein Hindernis zwischen sich und ihnen zu errichten.

72

# Wer fragt **führt**

Sicher kennen Sie das Märchen von Hase und Igel, die Geschichte von dem Wettrennen zwischen diesen beiden Tieren, bei denen der Hase immer zu spät kommt, weil der Igel schon im Ziel zu sein scheint. Bei einem Verkaufsgespräch kann sich eine ähnliche Situation ergeben, und da ist es wichtig, dass Sie der Igel sind, und nicht der Hase. Um das zu erreichen, gibt es eine einfache Methode: Fragen statt Argumentieren.

Erstaunlicherweise wenden viele Menschen diese Methode nicht an, sondern versuchen, den Gesprächspartner mit immer neuen Argumenten zu überzeugen. Das wird aber schwerlich gelingen. Sie können alle Extras aufzählen, die Ihr Haus bietet, aber je mehr Sie aufführen, umso mehr Wünsche werden dem Gast einfallen, die er sonst gar nicht gehabt hätte. Sie bringen sich also unnötig in Schwierigkeiten.

Wer nur argumentiert, verliert!

Wer fragt, führt!, heißt die Zauberformel des Verkaufsgesprächs. Wenn Sie das Fragen Ihrem Gesprächspartner überlassen, sind Sie derjenige, der antworten muss, und damit derjenige, der nur reagieren kann, nicht agieren. Wenn Sie hingegen Fragen stellen, signalisieren Sie einerseits, dass Sie sich für Ihr Gegenüber, für dessen Bedürfnisse, Wünsche und Ansichten interessieren, und bestimmen dabei ganz unauffällig darüber, welche Themen behandelt werden.

Wer die Fragen stellt, lenkt das Gespräch!

Der Kunde hat ohnehin kein Interesse an der gesamten Palette Ihrer Leistungen. Sein Wunsch ist es, dass seine Bedürfnisse erfüllt werden. Wenn Sie ihn jedoch nicht nach seinen Bedürfnisse fragen, geht Ihr Angebot möglicherweise völlig an seinen Wünschen vorbei.

Erst wenn Sie aufgrund der Antworten auf Ihre Fragen wissen, was der Kunde wirklich will, können Sie die Seiten Ihres Leistungskatalogs darstellen, die für ihn relevant sind. Alles andere brauchen Sie nicht anzugeben, um bei diesem speziellen Kunden Erfolg zu haben. Es würde nur vom Ziel des Akquisitionsgesprächs ablenken.

Behalten Sie das Ziel im Auge!

Wenn Sie im Verlauf des Gesprächs Schwächen an Ihrem Angebot erkennen, werden Sie versuchen, diesen Bereich auszuklammern. Stellt aber der Kunde die Fragen, wird Ihnen das nicht gelingen.

AUFWAND:
MÖGLICHERWEISE SCHULUNG

NUTZEN:
MEHR ERFOLG IM VERKAUF,
ALSO MEHR UMSATZ

UMSETZBARKEIT:
AB NÄCHSTEM VERKAUFSGE-
SPRÄCH

73

AUFWAND:
ÜBUNG; EVTL. SCHULUNG

NUTZEN:
DEUTLICHE VORTEILE BEIM ABSCHLUSS

UMSETZBARKEIT:
SCHON BEIM NÄCHSTEN GESPRÄCH

# Erfolg mittels gezielter Pause

Über Geschäfte reden kann fast jeder, aber ein interessantes Geschäft zum Abschluss bringen nicht. Denn je größer das in Aussicht stehende Geschäft ist, umso nervöser werden die meisten - und das verleitet zu Fehlern.

Es ist natürlich verständlich, wenn die Hände ein wenig schwitzen, weil Sie die Chance haben, ein Cateringgeschäft für 500 Leute ins Haus zu holen, oder weil ein großes Unternehmen eventuell fünfzig Seminare in Ihrem Hotel abhalten will. Aber Sie sollten dennoch keine Fehler begehen, die Ihre Chancen zunichte machen.

### Mancher Auftrag geht verloren, weil er zerredet wird!

So simpel sich das anhört, so schwerwiegend ist es: Ein Kardinalfehler im Verkauf ist es, nicht auf den Punkt zu kommen, sondern unaufhörlich weiter zu reden. Der Kunde ist möglicherweise längst bereit zu kaufen, aber er bekommt die Chance dazu nicht - und am Ende ist er verunsichert und schiebt die Entscheidung auf, womit das Rennen um den Auftrag wieder offen ist, oder noch schlimmer: Der Kunde ist genervt und lehnt ab.

Dabei gibt es eine klare Verkaufsregel und ein so einfaches wie wirkungsvolles Mittel, um das Blatt zu Ihren Gunsten zu wenden.

### Benennen Sie Ihr Angebot - und halten Sie den Mund!

Sobald Sie Ihre Leistung beschrieben und den Preis genannt haben, ist jedes weitere Wort schädlich. Beenden Sie Ihre Ausführungen und überlassen Sie das nächste Wort Ihrem Verhandlungspartner - wie lange auch immer das dauern mag.

### Die gezielt eingesetzte Pause führt zum Verhandlungserfolg!

Eine Minute wirkt in einer solchen Situation wie eine Stunde. und es entsteht eine schier unerträgliche Spannung im Raum. Aber seien Sie sich gewiss, für Ihr Gegenüber ist diese Spannung noch größer, denn Ihr Gegenüber ist darauf nicht vorbereitet. Ihr Verhandlungspartner wird das Gespräch schon nach kurzer Zeit wieder in Gang bringen, und in den meisten Fällen wird es danach eine positive Entwicklung nehmen.

74

# Als Chef
## dem Gast schmeicheln

Sicher schätzen Ihre Gäste im Restaurant den herzlichen und professionellen Service Ihrer Mitarbeiter. Wenn Sie diese gut haben schulen lassen, werden sie sicher auch mit Erfolg am Tisch verkaufen, denn viele Gäste werden den Empfehlungen Ihrer Servicekräfte folgen.

Aber eine weit größere Wertschätzung finden Empfehlungen, die vom Chef persönlich kommen.

### Empfehlungen des Chefs finden besondere Beachtung!

Nicht als Berater, sondern als ganz normaler Gast wurde mir die Wirksamkeit dieser Maßnahme bewusst gemacht. In einem thüringischen Gasthof, in dem ich eine gewisse Zeit des Öfteren mit Geschäftsfreunden verkehrte, hatte es sich der Chef des Hauses, der auch das Zepter in der Küche schwang, zur Gewohnheit gemacht, besondere Stammgäste auch besonders zu behandeln, indem er höchst persönlich zur Begrüßung an den Tisch trat, um die Gäste willkommen zu heißen und nach ihren Wünschen zu fragen. Die Bitte um Aushändigung der Speisekarte quittierte er nur mit einem Lächeln: „In der Speisekarte haben wir natürlich viele leckere Sachen", sagte er und fuhr dann nach einer kurzen Pause fort: „Aber für Sie hätte ich heute ..." Und dann zählte er einige Delikatessen auf, die nicht auf der Karte standen, einem aber das Wasser im Mund zusammenlaufen ließen.

Natürlich nahm man die Empfehlung gerne an, auch wenn man dann und wann an der Rechnung feststellen musste, dass Besonderes seinen Preis hat. Der entscheidende Effekt lag jedoch darin, dass man sich als Gast einfach geschmeichelt fühlte, wenn der Chef selbst eine Empfehlung ausspricht. Erst recht dann, wenn etwas empfohlen wird, das gar nicht auf der Karte steht.

### Jeder liebt Schmeicheleien – auch der Gast!

Der Gast, dem diese Behandlung zuteil wird, freut sich darüber und fühlt sich geehrt. Das bindet ihn an den Betrieb, so dass er gerne wieder kommt. Bei mir hat das jedenfalls funktioniert. Natürlich kam der Chef nicht bei jedem unserer Besuche an den Tisch. Er musste ja die Küche leiten – und außerdem auch anderen Gästen das Gefühl geben, etwas ganz Besonderes zu sein.

Es lohnt sich, sich hin und wieder bei den Gästen sehen zu lassen, um ihnen das Gefühl zu geben, Ihre ganz besondere Wertschätzung zu genießen. Die Gäste honorieren es durch höheren Umsatz und häufigeren Besuch. Probieren Sie es aus!

AUFWAND:
EIN BISSCHEN ZEIT FÜR DEN GAST

NUTZEN:
STARKE BINDUNG GUTER GÄSTE; UMSATZPLUS

UMSETZBARKEIT:
SOFORT

75

AUFWAND:
ERSTELLUNG VON EINTRITTS-
KARTEN Z.B. MIT PC-DRU-
CKER; VERKAUF DER KARTEN

NUTZEN:
VERBESSERTE LIQUIDITÄT;
HÖHERE AUSLASTUNG, MINI-
MIERUNG DER STORNOS

UMSETZBARKEIT:
BEI DER NÄCHSTEN VERAN-
STALTUNG

# Eintrittskarten

## statt Reservierungen

Kennen Sie auch den Ärger, der sich in einem breit macht, wenn kurz vor Beginn einer Veranstaltung noch jemand, der gute Plätze reserviert hatte, einen kompletten Tisch absagt? Ganz sicher kennen Sie das. Aber dieser Ärger lässt sich vermeiden. Und das ist auch nötig, denn kurzfristig abgesagte Reservierungen kosten bares Geld – besonders dann, wenn die Plätze ansonsten ausgebucht wären.

Absagen reservierter Tische kosten bares Geld!

Ich spreche hier von Veranstaltungen, also von eigenen Events, von Lesungen, Musikdarbietungen, Vorträgen oder was Sie sonst, beispielsweise verbunden mit einem leckeren Menü in Ihrem Hause durchführen. Es geht im Folgenden nicht um Reservierungen für das tägliche à-la-carte-Geschäft.

Bei Veranstaltungen gibt es ein einfaches Rezept, um den Ärger mit Stornos weitgehend zu vermeiden: Akzeptieren Sie keine Reservierungen, sondern verkaufen Sie stattdessen Eintrittskarten. Glauben Sie mir, es funktioniert. Und Sie haben eine ganze Reihe von Vorteilen: Spätere Absagen gehen nicht mehr zu Ihren Lasten. Denn selbstverständlich geht der Gast, der kurzfristig eine Reservierung absagt (oder eventuell einfach nicht kommt), stillschweigend davon aus, dass ihn diese Absage nichts kostet.

Gäste, die Reservierungen stornieren, gehen davon aus, dass sie das nichts kostet.

Hat der Gast aber Karten gekauft, weiß er, dass sie diese im Normalfall nicht einfach gegen Kostenerstattung zurücknehmen. Wenn Sie Karten für ein Fußballspiel, ein Rockkonzert oder eine Theatervorstellung haben, ist es schließlich auch Ihr Problem, was Sie mit den Karten machen, wenn Sie keine Zeit haben, den Event zu besuchen. Und das Gleiche gilt für Veranstaltungen in Ihrem Haus. Ich sage das aus Erfahrung, denn ich habe eine Reihe von Kunden, bei denen sich dieses Vorgehen bestens bewährt.

Kartenverkauf minimiert die Zahl der Stornierungen!

Der Verkauf von Karten hat einen weiteren Vorteil: Sie nehmen Vorkasse! Das ist nun wirklich ungewohnt für einen Gastronomen, der ansonsten stets zuerst seine Leistung erbringt und erst danach kassiert. Bei Veranstaltungen aber haben Sie die Möglichkeit vorab, das heißt, Sie haben früher Ihr Geld und verbessern so Ihre Liquidität.

Vorkasse verbessert die Liquidität!

Falls Sie nun Sorgen haben, dass der Verkauf von Eintrittskarten den Besuch Ihrer Veranstaltungen negativ beeinflussen könnte, darf ich Sie beruhigen. Denn einerseits werden die Plätze durch den Kartenverkauf sogar noch begehrter.

Andererseits ergibt sich ein weiterer Vorteil: Bei Reservierungen ist es doch nicht selten so, dass Besucher versuchen, Tische zu reservieren statt einzelner Plätze. Und da kann es dann gut sein, dass zwei Personen einen Vierertisch blockieren und Sie dadurch die beiden verbliebenen Plätze an diesem Tisch verlieren. Verkaufen Sie hingegen Eintrittskarten, können Sie bei entsprechender Nachfrage alle Tische voll besetzen, denn Sie bestimmen, wer wo sitzt.

Somit bringt Ihnen der Verkauf von Eintrittskarten eine ganze Reihe von Vorteilen gegenüber der Annahme von Reservierungen. Natürlich ist dieses Vorgehen für viele Gastronomen zunächst etwas ungewohnt, aber das sollte nicht dagegen sprechen. Ich habe jedenfalls noch keinen Kunden erlebt, der wieder von Kartenverkauf auf unverbindliche Reservierung zurückgegangen wäre.

# Welcher Preis bei später Anreise?

Jeder Hotelier kennt die Situation: Spät abends kommt noch ein Gast, der ein Zimmer will. Viele Gäste wissen, dass dies eine günstige Gelegenheit ist, mit dem Hotelier ein wenig zu feilschen. Denn wer viel reist, weiß, dass man zu später Stunde durchaus den einen oder anderen Preisnachlass aushandeln kann, weil der Hotelier sich überlegt, dass das Zimmer vermutlich über Nacht leer steht, wenn er es nicht noch schnell vermietet.

Die Angst vor einem leeren Zimmer veranlasst den Hotelier zu Preisnachlässen!

AUFWAND:
KEINER

NUTZEN:
HÖHERE PREISSTABILITÄT;
HÖHERE ERLÖSE

UMSETZBARKEIT:
SOFORT

Ob dieses Verhalten richtig oder falsch ist, lässt sich nicht generell beantworten. Es hängt nämlich stark von äußeren Umständen ab, insbesondere davon, wie leicht der Gast um diese Zeit anderswo noch unterkommt. In zentralen Stadtlagen, in denen mehrere Hotels nebeneinander sind, bleibt Ihnen möglicherweise nichts anderes übrig, als dem Wunsch des Kunden nachzugeben.

Wenn Sie aber etwas abseits liegen, und das nächste Hotel nur mit dem Auto erreicht werden kann, stehen Ihre Chancen sehr gut, wenn Sie die Pokerpartie annehmen. Denn nicht nur Sie haben ein Problem – nämlich ein nicht verkauftes Zimmer –, sondern auch der Gast: Er braucht nämlich ein Zimmer, und je später es ist, umso weniger Lust wird er haben, noch lange zu suchen. Hat er gar seinen Koffer dabei, haben Sie so gut wie gewonnen.

Ein Gast mit Gepäck will einchecken und nicht weitersuchen!

Im Verkauf ist es immer äußerst hilfreich, sich zu überlegen, wie man sich selbst verhalten würde. In unserem Fall heißt das: Ich stelle mir vor, ich habe einen anstrengenden Tag hinter mir, bin hundemüde und suche zu später Stunde ein Hotelzimmer, um endlich die Füße hochlegen zu können. Habe ich da wirklich Lust und Energie, mehrere Hotels aufzusuchen, um ein Schnäppchen zu machen?

In diesem Fall gibt es für den Hotelier keinen Grund, Zugeständnisse beim Zimmerpreis zu machen. Natürlich kann es Ihnen im Einzelfall passieren, dass ein Gast abspringt, weil er hofft, woanders günstiger unterzukommen. Aber das kann Ihnen auch dann passieren, wenn Sie Ihren üblichen Preis heruntersetzen, schließlich kann es gut sein, dass es selbst dann einen Mitbewerber gibt, der noch billiger ist. Außerdem wird der daraus resultierende Erlösausfall leicht kompensiert, wenn dafür die anderen Spätanreiser den vollen Preis bezahlen.

# ✓ Strategie

TIPPS, TRICKS
&
ANREGUNGEN

Aufwand:
viel Zeit für Ideen, Geld zur Umsetzung

Nutzen:
notwendig, um im Wettbewerb bestehen zu können

Umsetzbarkeit:
mittelfristig, nach und nach

# Gastronomie ist wie Theater

An gastronomischen Betrieben herrscht kein Mangel. Der Gast hat reichlich Auswahl, wenn er sich überlegt, eine Gaststätte oder ein Restaurant aufzusuchen.

Wenn es um das Mittagsgeschäft geht, sind die Anforderungen des Kunden noch relativ leicht zu beschreiben: Er will leichtes Essen, er will es schnell, und er möchte nicht viel dafür bezahlen.

Beim Abendgast hingegen sieht die Sache anders aus. Der Abendgast kommt nicht nur, um seinen Hunger zu stillen, sondern er sucht ein Erlebnis. Daraus ergibt sich eine unumstößliche Regel, die man im Showgeschäft das Elfte Gebot nennt:

Du sollst Dein Publikum nicht langweilen!

Diese überaus wichtige Erkenntnis verlangt Konsequenzen: Sie müssen dem Gast etwas Besonderes bieten, das mehr ist als Essen und Trinken!

Es gibt zahllose Möglichkeiten, dem Gast etwas Besonderes zu bieten – aber Sie müssen es auch tun! Gerade für Gastro-Unternehmer, die selbst Köche sind, ist es oft schwer einzusehen, dass nicht vorrangig die Küchenqualität über den Erfolg entscheidet, sondern weit mehr das, was sich im Gastraum abspielt.

Um dies meinen Beratungskunden zu verdeutlichen, vergleiche ich ein Restaurant gerne mit einem Theater. Auf der Bühne wird das Stück gespielt, mit dem das Publikum begeistert werden soll. Vor allem die schauspielerische Leistung, aber auch die Kostüme und das Bühnenbild entscheiden darüber, ob es Beifall gibt oder Pfiffe. Aber niemand wird ein schlecht gespieltes Stück loben, nur weil die Beleuchter und Bühnentechniker gute Arbeit leisten.

### Ihr Gastraum ist Ihre Bühne!

Übertragen Sie die Erkenntnisse aus dem Theater auf Ihren Betrieb: Selbst wenn Sie kochen wie ein Weltmeister, wird Ihnen das alles nichts helfen, wenn der Service und die Präsentation der Speisen und Getränke nicht passen.

In der Werbung sehen Sie Tag für Tag, welch enorme Bedeutung Hersteller der Verpackung und Präsentation ihrer Produkte beimessen. Lernen Sie aus dem Verhalten der großen Firmen! Auch Sie sollten Ihre Produkte hervorragend präsentieren, und vor allem sollten Sie dem Gast das bieten, was er sucht: ein außergewöhnliches Erlebnis!

### Ein gutes Stück auf Ihrer Bühne begeistert die Gäste!

Sie brauchen dazu ein stimmiges Betriebskonzept, eine Speisekarte, die sich von der Mehrzahl der meist eher langweiligen Preislisten abhebt, und einen nicht nur freundlichen, sondern herzlichen Service. Sie brauchen Servicekräfte, die zum Thema passend gekleidet sind, sie benötigen die entsprechende Raumdekoration und viel Liebe zum Detail.

### Geben Sie dem Gast die Illusion, bei Ihnen in eine ganz eigene Welt einzutauchen!

Wenn Sie Ihr Restaurant als Theater verstehen und es schaffen, Ihr Publikum Abend für Abend mit dem Stück zu verzaubern, das Sie spielen, dann wird der Erfolg nicht ausbleiben.

78

Aufwand:
Abschied von trügerischen Träumen

Nutzen:
Überlebenswichtig

Umsetzbarkeit:
von Anfang an

# Geschäft ist nichts für Träumer

Selbstverständlich braucht jeder Mensch Träume in seinem Leben. Träume sind Teil unserer Natur. Doch im Geschäftsleben sind Träume ein sehr problematischer Ratgeber. Gerade bei Neulingen im Geschäft habe ich oft beobachtet, dass die eigenen Träume dem wirtschaftlichen Erfolg entscheidend im Wege stehen.

Häufig finden sich am Anfang einer Selbständigkeit im Gastgewerbe nicht eine nüchterne Analyse des Marktes und eine gute Kenntnis der ungeschriebenen Branchengesetze. Stattdessen bewegt manchen Existenzgründer der Traum, z. B. eine ganz bestimmte Art von Restaurant betreiben zu wollen. Nicht wenige haben die Anregung dazu irgendwo im Urlaub gefunden. Aber:

Urlaubsidyllen lassen sich nur schwer transportieren!

Wer von dem schnuckeligen kleinen Restaurant in der Toskana schwärmt, in dem er im letzten Urlaub oft und gern gesessen ist, begeht möglicherweise einen schweren Fehler, wenn er glaubt, diese Atmosphäre in die heimatlichen Gefilde übertragen zu können. Denn beim Transport der Idee stimmen möglicherweise gleich mehrere Faktoren nicht:

- Wenn Sie selbst kein Italiener sind, werden Sie kaum imstande sein, eine echte italienische Atmosphäre zu erschaffen.

- Möglicherweise gibt es einen ähnlichen Betrieb bereits in Ihrer Gegend, dann wirken Sie wie ein Nachahmer.
- Wenn Ihre Gäste in Ihrer Gegend einen Urlaub verbringen, wollen Sie das Besondere in Ihrem Umfeld erleben, auch gastronomisch. In ein italienisches Restaurant können Ihre Gäste auch bei sich zu Hause gehen.

Gast in einem Restaurant zu sein ist das eine, einen solchen Betrieb zu führen etwas ganz anderes.

Nicht Ihre Träume gilt es zu erfüllen, sondern die Träume der Gäste!

Das ist ein enorm wichtiger Aspekt: Ein eigenes Unternehmen zu gründen, ist etwas völlig anderes, als sich ein Hobby zu suchen: Ein Hobby muss uns selbst Freude machen, und wir wissen, dass es Geld kostet.

Ihr eigenes Unternehmen sollte natürlich auch Spaß machen, aber es darf kein Geld kosten, sondern es muss Geld erwirtschaften. Sie machen das Ganze ja nicht für sich selbst, sondern für Fremde, die bereit sein müssen, Ihr Angebot anzunehmen und Geld dafür zu bezahlen.

Von daher kann es nicht vorrangig darum gehen, Ihr Traumrestaurant zu schaffen, sondern darum, einen Betrieb zu errichten, der am richtigen Ort das richtige Thema anpackt. Sie brauchen ein Erfolg versprechendes Betriebskonzept, das konsequent umgesetzt werden muss.

Natürlich ist es wichtig, dass Sie sich mit dem Thema Ihres Betriebskonzeptes gut identifizieren können, aber Ihre Wunschträume dürfen dabei nicht die notwendige Vernunft übertönen.

Errichten Sie Ihr Unternehmen auf einer stabilen Basis und nicht in Wolkenkuckucksheim!

79

Aufwand:
unterschiedlich

Nutzen:
überlebenswichtig,
da Sied nichts zu verschenken haben

Umsetzbarkeit:
jederzeit

# Warnung vor dem besonders guten Preis-Leistungsverhältnis

Wenn ich neue Kunden frage, was denn das Besondere sei, das ihr Haus auszeichne, erhalte ich nicht selten die Antwort, die große Stärke des Betriebes sei das besonders gute Preis-Leistungsverhältnis; manche betonen sogar, es sei das Beste weit und breit. Wenn sich dann tiefe Sorgenfalten auf meiner Stirn bilden, ernte ich dafür meist überraschte Blicke. Was soll auch schlecht daran sein, wenn man ein besseres Preis-Leistungsverhältnis hat als alle anderen?

Ich will es Ihnen sagen: Sie werden daran kaputt gehen.

Das beste Preis-Leistungsverhältnis zu haben ist tödlich!

Natürlich hört es sich zunächst seltsam an, weil wir ein gutes Preis-Leistungsverhältnis als positiv ansehen. Aus der Perspektive des Kunden ist das auch auch richtig, aber nicht aus der des Betreibers. Als Kunde will ich für mein Geld möglichst viel Leistung bekommen. Oder anders ausgedrückt: Ich möchte für meine Waren möglichst wenig bezahlen.

Wer diesem Kundenwunsch am besten entgegen kommt, hat das beste Preis-Leistungsverhältnis. Das bedeutet aber, dass er derjenige Anbieter ist am Markt ist, der für seine Waren und Leistungen am wenigsten Geld bekommt!

Trotzdem müssen die Kosten Ihres Betriebes getragen werden. Wer also – und auch dies erlebe ich oft – nicht nur sehr niedrige Preise bieten will, sondern zugleich ein hohes Qualitätsbewusstsein hat, muss teure, weil qualitativ hochwertigere Lebensmittel kaufen, und muss zugleich Löhne bezahlen an Mitarbeiter, die vermutlich nicht deshalb weniger verdienen wollen, weil der Wirt nach dem besten Preis-Leistungsverhältnis strebt. Darüber hinaus gilt es, die ständig steigenden Energiekosten zu tragen.

### Mit geringen Erlösen können hohe Kosten nicht aufgefangen werden!

Es ist nicht überraschend, dass derjenige, der am wenigsten an seinen Produkten verdient – weil er ja das beste Preis-Leistungsverhältnis haben will –, mit seinem Geld nicht auskommt und über kurz oder lang seinen Betrieb schließen muss.

Natürlich gibt es – wie zu jeder Regel – auch hier Ausnahmen. Es gibt in der Tat eine kleine Zahl von Betrieben, die großen wirtschaftlichen Erfolg haben, obwohl sie sehr niedrige Preise und tatsächlich ein hervorragendes Preis-Leistungsverhältnis haben. Das kann aber nur funktionieren, wenn mit dieser Methode eine sehr hohe Gästezahl ins Haus gelockt wird. Die allermeisten Betriebe aber haben weder die Sitzplatz- noch die Parkplatz- und schon gar nicht die Personalkapazitäten, um bei Massenanstürmen bestehen zu können.

Wenn Sie einen solchen Betrieb führen, werden Sie schmunzelnd über diesen Tipp hinweggehen. Alle anderen sollten sich das Dargelegte zu Herzen nehmen.

### Der Preis ist Ausdruck des Wertes!

Es kann nicht Ihr Ziel sein, Ihre Speisen und Getränke unter Wert abzugeben. Und noch etwas muss bedacht werden: In den Augen der Gäste spiegelt der Preis auch den Wert der Leistung wieder. Sie können so gut sein, wie Sie wollen. Wenn Sie Ihre Produkte verschleudern, werden die Menschen Ihre Produkte für solche von minderer Qualität halten.

### Preiswert ist nicht billig!

Anstatt um alles in der Welt zu versuchen, Ihre Mitbewerbern über den Preis auszustechen, können Sie ein gutes Preis-Leistungsverhältnis ebenso gut dadurch erzielen, dass Sie Ihre Leistung aufwerten durch ein durchgängiges Konzept, eine schönere Speisekarte, einen tollen Service, liebevoller Deko und manches mehr.

Denn in der Tat schaut der Gast darauf, was er für sein Geld bekommt. Wenn das Erlebnis stimmt, darf es auch mal etwas mehr kosten. Schenken Sie ihm einen schönen Abend, sind auch mehr als 50 Euro für zwei Personen den Preis wert. Bieten Sie nur Essen und Trinken, sind manchmal 20 Euro schon zuviel.

80

Aufwand:
Auseinandersetzung mit seinen Zielen und Wünschen

Nutzen:
unverzichtbar; ohne Ziel sind Erfolge nur Glückssache

Umsetzbarkeit:
permanentes Bemühen

# Ziele setzen – Zielkonflikte beachten

Warum haben die einen Erfolg und die anderen nicht? Himmelschreiende Ungerechtigkeit oder eine Frage der richtigen Methode?

Im Grunde ist es ganz einfach: Viele treffen nur deshalb nichts, weil sie nicht zielen. Was auch immer man im Leben erreichen will, eine feste Zielsetzung und laufende Zielkontrollen sind für den Erfolg unerlässlich.

Wer kein Ziel hat, kann nicht treffen!

Jeder, der aktiv Sport treibt oder auch nur mit Interesse Sportsendungen im Fernsehen verfolgt, weiß, wovon ich spreche: Immer wieder ist die Rede von ausgeklügelten Trainingsplänen, nach denen die Akteure auf große Ereignisse vorbereitet werden. Vor einiger Zeit habe ich mit der achtfachen Olympiasiegerin Birgit Fischer gesprochen. Selbstverständlich hat auch sie mir bestätigt, wie wichtig es für den Erfolg ist, sich Ziele zu setzen – und sie muss es wissen!

Für das Geschäftsleben gilt das genauso wie für den Sport: Auch hier bedarf es einer exakten Zielvorgabe, um den Erfolg nie aus den Augen zu verlieren. Zuerst muss dieses Ziel jedoch definiert werden. Denn bevor Sie Ihren Weg zum Erfolg planen, müssen Sie wissen, was Sie erreichen wollen.

Werden Sie sich über Ihre Ziele klar!

Auch der Unternehmer im Gastgewerbe muss wissen, was er will. Dabei ist unbedingt darauf zu achten, dass sich keine Zielkonflikte ergeben, dass also nicht zwei Ziele sich gegenseitig behindern.

Nehmen wir einmal an, Sie wollen zukünftig Ihre Gäste dadurch überzeugen, dass Sie einen Spitzenservice anbieten; wenn Sie sich zugleich vornehmen, Ihre Personalkosten zu senken, werden unweigerlich Probleme auftreten. Beides zusammen kann nicht funktionieren.

Beachten Sie, ob Ihre Ziele miteinander vereinbar sind!

Das gleiche gilt, wenn Sie Ihre Öffnungszeiten verlängern und gleichzeitig Energie sparen wollen. Ein Zielkonflikt entsteht auch dann, wenn Sie Ihre geschäftlichen Aktivitäten ausweiten und zugleich mehr Zeit für Ihre Familie haben wollen.

Geschäftliche Ziele beeinflussen das Privatleben!

Besonders von jungen Unternehmern habe ich schon öfter gehört, dass sie ihre Motivation daraus ziehen wollen, dass sie sich spätestens mit 50 Jahren zur Ruhe setzen wollen. Ich halte ein solches Ziel für äußerst problematisch. Wie soll ich mich zu besonderen Anstrengungen aufraffen, wenn es mein erklärtes Ziel und mein Traum ist, möglichst nichts zu tun.

Wer Ziele hat, kann nach dem richtigen Weg suchen.

Alle Entschlüsse haben Folgen, deshalb muss von Anfang an überlegt werden, welche Konsequenzen bestimmte Handlungen nach sich ziehen. Erst nach dem Überdenken der Folgen sollten Sie Ihre Ziele wirklich festmachen. Wenn Sie aber erst einmal Ziele gesetzt haben, wissen Sie wohin Sie Ihre Energie lenken müssen, und können sich Wege überlegen, Ihre Ziele zu erreichen.

81

# Mach nur das, was man dir glaubt!

Etwas geschwollener ausgedrückt kann man auch sagen: „Wahren Sie Ihre Authentizität!" (Schön, dass ich dieses Wort hier nur schreiben muss und nicht aussprechen. Denn bei „Authentizität" stolpere ich regelmäßig über meine Zunge.) Es geht dabei darum, dass man nach Möglichkeit nur das machen sollte, was zu einem passt. Besonders bei der Entwicklung eines Betriebskonzeptes ist das unerlässlich.

AUFWAND:
EHRLICHE SELBSTEINSCHÄTZUNG

NUTZEN:
SCHUTZ VOR MÖGLICHERWEISE RUINÖSEN FEHLERN

UMSETZBARKEIT:
BEI KONZEPTERSTELLUNG, ABER AUCH PERMANENT

## Der Betrieb muss zum Betreiber passen!

Wenn Sie ein Thema für Ihren Betrieb suchen, dann muss das Thema zu Ihnen passen. Dabei geht es einerseits natürlich um Ihre Vorlieben und Wünsche, aber eben auch darum, was Sie in den Augen anderer verkörpern.

Die eigenen Vorlieben sind wichtig. Sie können keinen Bikertreff betreiben, wenn Sie Motorradfahrer nicht ausstehen können. Sie würden Ihre Gäste nicht mögen, und das würden diese sehr schnell merken.

## Sie müssen Ihre Gäste mögen!

Vorlieben allein reichen allerdings nicht aus. Auch wenn Sie chinesisches Essen noch so lieben und Sie es in hervorragender Weise verstehen, chinesisch zu kochen: Wenn Sie kein Chinese sind, dürfte es Ihnen sehr schwer fallen, mit Erfolg ein chinesisches Restaurant zu betreiben. Der Grund liegt darin, dass Sie das Konzept nicht authentisch vermitteln können. Sind Sie Chinese, dann sieht die Sache natürlich ganz anders aus – dann sollten Sie aber keine Pizzeria aufmachen.

Denn leider rettet Sie auch Ihr ganzer Sachverstand nicht vor den Vorurteilen Ihrer Umwelt: Richtig gut chinesisch kochen können nur Chinesen, die besten Pizzen machen Italiener, Spitzenköche kommen aus Frankreich und derlei mehr.

## Vorurteile existieren – ob uns das gefällt oder nicht!

Mögen wir uns auch mehr und mehr daran gewöhnen, dass wir in unserer Sprache auf politische Korrektheit achten und so tun, als gäbe es keine Vorurteile, so spielen diese bei Kaufentscheidungen dennoch eine gewaltige Rolle.

82

# Sprich mit deiner Bank!

Eigentlich sind Banken und Sparkassen Geschäftspartner wie andere auch. Dennoch betrachten wir sie oft anders, weil sie nicht selten eine Bedeutung für uns haben, die weit über die anderer Partner hinausgeht. Mehr als jeder andere können sie unser geschäftliches Schicksal beeinträchtigen. Vom guten Willen der Bank hängt es ab, ob Sie Darlehen für Ihre geplanten Investitionen erhalten, ob Sie eine Liquiditätsunterstützung bekommen, wenn Sie knapp bei Kasse sind, und vielleicht sogar Ihre Existenz, wenn Sie in ernsten Schwierigkeiten stecken.

Die Hausbank hat mehr Einfluss als jeder andere Geschäftspartner!

Und noch etwas ganz Entscheidendes ist anders als bei den anderen Geschäftspartnern: Alle Lieferanten bemühen sich mehr oder weniger um uns, da sie Geschäfte machen wollen. Die Hausbank aber überlegt sich, ob Sie uns überhaupt etwas verkaufen will, also beispielsweise ein Darlehen. Das mag dazu führen, dass unsere Beziehung zur Bank nicht ganz so unverkrampft ist, wie die zu anderen Lieferanten. Gerade deshalb sollten Sie sich bemühen, dieses Verhältnis zu entkrampfen. Sprechen Sie also mit Ihrer Bank – nicht nur dann, wenn Sie etwas von ihr wollen.

Führen Sie den Dialog mit Ihrer Bank auch in guten Tagen!

Gerade Gastronomen stehen im Bezug auf ihre kaufmännischen Qualitäten bei Banken nicht im besten Ruf. Daher kann es leicht passieren, dass auch die Tüchtigen Opfer eines Pauschalurteils werden. Genau dieser Gefahr können Sie begegnen, indem Sie Ihre Bank oder Sparkasse unaufgefordert mit Daten versorgen. Legen Sie Ihrer Bank Ihre Planzahlen vor, informieren Sie sie über aktuelle Entwicklungen, präsentieren Sie Jahresabschlüsse und den Soll-Ist-Vergleich zwischen Plan und realem Geschäftsverlauf.

Wenn Sie Ihre Bank unaufgefordert mit Informationen versorgen, gewinnen Sie gegenüber Mitbewerbern!

Wenn Sie dann eines Tages tatsächlich ein Problem haben, sei es nun ein Investitionsvorhaben oder eine Liquiditätslücke, finden Sie in Ihrer Bank leichter einen wohlwollenden Ansprechpartner, als wenn Sie sich nur dann sehen lassen, wenn der Schuh drückt.

AUFWAND:
HIN UND WIEDER EINE STUNDE ZEIT

NUTZEN:
GUTES GESCHÄFTSKLIMA MIT DER BANK; BESSERE CHANCEN BEI INVESTITIONEN UND PROBLEMEN

UMSETZBARKEIT:
IMMER WIEDER VON ZEIT ZU ZEIT

83

**Aufwand:**
viele Kontakte müssen geknüpft und gepflegt werden

**Nutzen:**
kann vor katastrophalen Fehlentscheidungen schützen

**Umsetzbarkeit:**
sobald Interesse an einem neuen Objekt besteht

# Tipps zur Objektsuche I

Wenn Sie einen neuen Betrieb suchen, gleich ob Sie nun Existenzgründer sind oder nur auf der Suche nach etwas Neuem, gibt es etliche Dingen zu bedenken. Es werden ja nur selten komplett neue Betriebsstätten errichtet. Stattdessen werden meist bestehende Gaststätten oder Hotels übernommen. In diesem Fall ist es äußerst lohnenswert, einen intensiven Blick auf die Vergangenheit des Betriebes zu werfen.

Ein Blick in die Vergangenheit verrät oft viel über die Zukunft!

Dabei sind eine ganze Reihe wichtiger Aspekte zu beachten. Am wichtigsten sind die Fragen, weshalb ein Betreiberwechsel erfolgte und wie viele Betreiber es in den letzten Jahren gab.

Häufige Pächterwechsel lassen vermuten, dass grundsätzliche Schwierigkeiten mit dem Objekt verbunden sind, da es offenbar mehreren Leuten nicht gelungen ist, langfristig Erfolg damit zu haben. Das kann mit der Lage des Objektes zu tun haben, der Verpächter kann schwierig sein oder die Pachtsumme zu hoch. Möglicherweise hängt dem Objekt auch ein schlechter Ruf an, dem sich so leicht kein Betreiber entziehen kann.

Vom Verpächter werden sie in diesen Fällen kaum Aufschlussreiches erfahren, er will schließlich sein Objekt neu vermieten. Aber Gespräche mit früheren Pächtern, mit Anwohnern, vielleicht auch mit Lieferanten und örtlichen Konkurrenten (wobei Sie sich nicht gleich als Interessent zu erkennen geben sollten) lohnen sich allemal.

### Wer etwas erfahren will, muss sich umhören!

Wenn die Möglichkeit besteht, sollten Sie auch Einsicht in die kaufmännischen Zahlen Ihres Vorgängers nehmen. Dies gilt besonders dann, wenn das Objekt angeblich hervorragend lief, aber aus gesundheitlichen Gründen oder altersbedingt in neue Hände gelegt werden soll. Eine gesunde Portion Misstrauen ist immer angebracht. Wenn Sie nach dem Motto „Vertrauen ist gut, Kontrolle ist besser" vorgehen, zeigt ein Blick in die Bilanz rasch, wie es in der Vergangenheit tatsächlich um den Betrieb stand.

Hat der Verpächter bislang den Betrieb selbst geführt, kann er einen Einblick in seine Zahlen kaum verweigern. Tut er das trotzdem, sollten bei Ihnen alle Alarmlampen aufleuchten! Wenn allerdings schon vorher Pächter auf dem Objekt waren, wird es schwierig, möglicherweise sogar unmöglich sein, an Bilanzen heranzukommen. Suchen Sie aber auf jeden Fall das Gespräch mit dem Vorpächter; vielleicht erfahren Sie ja manches, auch ohne Zahlen zu sehen.

Da es derzeit weit mehr Objekte als gute Betreiber gibt, können Sie selbstbewusst auftreten und Informationen einfordern. Wenn es sich nicht gerade um ein Traumobjekt in 1-A-Lage handelt, ist der Verpächter oder Verkäufer sehr froh, wenn er einen neuen Betreiber findet.

Falls Sie das Objekt nicht selbst aus der Vergangenheit kennen, sollten Sie überprüfen, welches Ansehen der Betrieb im Umfeld genießt. Wenn er bislang ordentlich geführt wurde und in dem Ruf stand, gute Qualität zu liefern, wird Ihnen das den Start erleichtern. Hatte er hingegen ein schlechtes Image, hieß es, man biete dort mindere Qualität, oder gab es gar ernst zu nehmende Probleme bei Sauberkeit und Hygiene, werden Sie zu Beginn erhebliche Schwierigkeiten haben, gegen bestehende Vorurteile anzukommen.

### Als neuer Betreiber büßen Sie die Sünden Ihrer Vorgänger mit ab!

Ich erinnere mich an einen Vorfall, der sich vor mehr als zwanzig Jahren in der Nähe meines Heimatortes abspielte. Dort war ein Betrieb geschlossen worden, weil bei einer Kontrolle neben einem Sortiment leerer Katzenfutterdosen auch eine fachmännisch zerlegte Katze gefunden worden war. Die öffentliche Aufregung war so groß, dass vier Nachpächter hintereinander binnen kurzer Zeit an dem Objekt scheiterten, weil die Menschen in diesem Lokal nicht mehr essen wollten. Schließlich zog ein Reifenhändler in das Gebäude ein. Er hatte keine Probleme, da ihm die „Katzenaffäre" branchenbedingt nichts anhaben konnte.

Sie sehen, dass es sich in jedem Fall lohnt, das Vorleben des Unternehmens einer gründlichen Prüfung zu unterziehen.

84

Aufwand:
Zeit und Geduld sind unerlässlich

Nutzen:
Schutz vor Fehlentscheidungen; passendes Objekt für das Konzept

Umsetzbarkeit:
sobald Interesse an einem neuen Objekt besteht

## Tipps zur

# Objektsuche II

Im Tipp *Objektsuche I* haben wir uns mit der Bedeutung der Vergangenheit eines Pachtobjektes beschäftigt. Doch darüber hinaus gibt es eine Reihe weiterer Faktoren, die für den späteren Erfolg des Betriebes entscheidend sind.

Der bauliche Zustand der Immobilie ist für den Käufer viel bedeutsamer als für den Pächter. Wer nicht selbst baufachliche Kenntnisse hat, sollte unbedingt einen Fachmann zu Rate ziehen. Wenn kurz nach der Übernahme eine neue Heizung oder gar eine neues Dach fällig werden, muss man möglicherweise alle konzeptionellen Planungen, die man mit dem Objekt vorhatte, über den Haufen werfen.

Wer einen Betrieb kauft, braucht jemanden, der den baulichen Zustand des Gebäudes beurteilen kann!

Aber auch einem Pächter darf der Zustand des Objektes nicht gleichgültig sein; schließlich ist sein Renommee untrennbar mit dem Gebäude verbunden. Wenn der Laden von außen heruntergekommen aussieht, werden alle noch so gut gemeinten Investitionen ins innere Ambiente nutzlos bleiben, weil die Gäste von vorneherein draußen bleiben.

Ebenso wichtig ist der Zustand der sanitären Anlagen. Eklige Toiletten lassen so manchen Gast an der Hygiene des Hauses zweifeln und damit auch an der Hygiene in der Küche. Daher sollte der Pächter darauf bestehen, dass anstehende Reparaturen, die über reine Schönheitspflege hinausgehen, noch vor Beginn des Pachtvertrages vom Verpächter durchgeführt werden.

Achten Sie als Pächter weiterhin darauf, dass der Betrieb insgesamt konzessionsfähig ist. Die Tatsache, dass auch bisher eine Gaststätte in den Räumen geführt worden ist, bedeutet keinesfalls, dass auch ein neuer Betreiber die notwendige Genehmigung ohne Weiteres erhält. Der Pächter sollte vertraglich festlegen, dass alle auf das Objekt bezogenen Konzessionsauflagen vom Verpächter zu erfüllen sind. Wenn der Verpächter das verweigert, sollte man sich ernsthaft die Frage stellen, woran das wohl liegt.

Fordern Sie eine konzessionsreife Übergabe des Objektes!

Von großer Bedeutung kann auch die Lage eines Betriebes sein, wobei es unmöglich ist, grundsätzliche Aussagen darüber zu treffen, wann eine Lage gut ist und wann schlecht. Dies hängt stark von der Art des Betriebes ab. Ein Schnellrestaurant braucht einen Ort mit einer hohen Besucherfrequenz. Stark besuchte Fußgängerzonen und Straßen mit hoher Verkehrsdichte sind hier besonders begehrt.

In der klassischen Gastronomie hingegen ist meinen Erfahrungen nach eine ganz andere Sache von Bedeutung: Nicht die Lage ist entscheidend, sondern die Anzahl der Parkplätze in unmittelbarer Nähe des Lokals. Selbst abgelegene Restaurants können ganz hervorragend laufen, wenn das Angebot stimmt und die Gäste direkt vor dem Haus parken können. Es reicht nicht, wenn ein großer, öffentlicher Parkplatz nur ein paar hundert Meter entfernt ist.

Parkplätze sind ein wichtiger Standortfaktor!

Darüber hinaus muss die Wahl des Objektes auch zwingend von Konzeptüberlegungen abhängen. Wenn Sie beispielsweise im Restaurant auf Tradition, oder im Hotel auf Romantik setzen wollen, verbietet es sich, in einen ultramodernen Neubau zu gehen. Sie werden stattdessen besser ein älteres Gebäude wählen. Wenn Sie - um ein anderes Beispiel zu wählen - Ihr Geschäft mit sensationell günstigen Preisen machen wollen, brauchen Sie nicht nur ausreichend Parkplätze, sondern selbstredend auch eine große Zahl an Sitzplätzen im Lokal.

Konzept und Haus müssen passen!

Natürlich kann es umgekehrt auch Objekte geben, die Ihnen – was kein Nachteil sein muss – ein Konzept geradezu aufdrängen. Wer seinen Betrieb in einem uralten Gemäuer errichtet, sollte die lange Geschichte des Hauses konzeptionell nutzen.

Grundsätzlich aber ist es sicher besser, sich das richtige Objekt für das gewünschte Konzept zu suchen, als umgekehrt. Dass das unter Umständen mit einigen Mühen verbunden ist und wahrscheinlich auch etwas Geduld erfordert, ist unbestritten.

85

AUFWAND:
UNTERSCHIEDLICH, JE NACH UNTERNEHMENSFORM

NUTZEN:
WICHTIG BEI TRENNUNG EIGENTUM UND BETRIEB UND BEI MEHREREN GESELLSCHAFTERN

UMSETZBARKEIT:
RASCH, WENN BEDARF BESTEHT

# Die Wahl der Rechtsform

Die meisten Betriebe im Gastgewerbe werden als Einzelfirmen geführt, d.h. es gibt eine Person, die persönlich für das Wohl und Wehe des Unternehmens haftet. Das Haftungsrisiko ist also sehr hoch. Dabei gibt es dazu einige Alternativen.

Die Einzelfirma ist die häufigste, aber nicht unbedingt die beste Form, ein Unternehmen zu führen!

Wenn mehrere Personen zusammen einen Betrieb führen, bedarf dies einer rechtlichen Grundlage. Was viele Menschen nicht wissen, ist dass alleine durch gemeinsames geschäftliches Handeln eine Gesellschaft des bürgerlichen Rechts (GbR) gegründet wird – ohne jeden formalen Akt! Es bedarf dazu nicht einmal eines gemeinsam geführten Betriebes, schon ein zusammen genutzter Messestand reicht.

Betreiben mehrere Personen gemeinsam ein Unternehmen und treffen keine Vereinbarung diesbezüglich, dann führen sie also ihre Firma als eine solche BGB-Gesellschaft. In diesem Fall haftet jeder einzelne in vollem Umfang für die Verbindlichkeiten des Unternehmens.

Es ist äußerst ratsam, bei einer gemeinsamen Unternehmung die rechtlichen Positionen zu klären!

Ähnlich wie die BGB-Gesellschaft verhält sich bezüglich der Haftung die Offene Handelsgesellschaft (OHG). Diese kann aber nur mit einem Gesellschaftervertrag gegründet werden.

Im Gegensatz zu den oben genannten Personengesellschaften, bei denen persönlich unbegrenzt gehaftet wird, stehen die Kapitalgesellschaften. Bei diesen gibt es keine persönlich haftende Person, sondern das Unternehmen gilt als eine so genannte juristische Person. Die Haftung der einzelnen Gesellschafter ist auf die Einlage beschränkt.

Bei Kapitalgesellschaften haftet der Gesellschafter nur mit seiner Einlage!

Im Wesentlichen unterscheidet man in Deutschland zwischen drei verschiedenen Kapitalgesellschaften: Die Aktiengesellschaft, die GmbH, sowie seit Kurzem die Unternehmergesellschaft. Daneben gibt es noch weitere Gesellschaftsformen, die aus anderen Ländern stammen, wie beispielsweise die englische Limited (Ltd.), die in den letzten Jahren in Mode gekommen ist, aber durch die Unternehmergesellschaft an Bedeutung verlieren wird.

Die Aktiengesellschaft (AG) kommt im Gastgewerbe nur selten vor, wobei das Grundkapital von 50.000€ kein zwingender Hinderungsgrund sein sollte.

Viel bedeutender ist da die Gesellschaft mit beschränkter Haftung (GmbH). Das Stammkapital beträgt 25.000€, die allerdings bei mehr als einem Gesellschafter nur zur Hälfte eingezahlt werden müssen. Wenn es um Trennung von Eigentum und Betrieb geht (siehe vorheriger Tipp), ist die GmbH eine sehr gute Gesellschaftsform zur Führung des Unternehmens.

Die GmbH eignet sich gut als Betriebsgesellschaft!

Die Unternehmergesellschaft ist eine Sonderform der GmbH. Sie eignet sich für alle, die eine GmbH wollen, aber nicht das nötige Stammkapital aufbringen können. Eine Unternehmergesellschaft lässt sich nämlich schon mit einem Euro gründen. Allerdings muss nach und nach das Stammkapital aus einem Teil der erzieltem Gewinne bis auf 25.000€ aufgefüllt werden.

Der große Vorteil der Kapitalgesellschaften liegt darin, dass die Haftung auf die Einlage begrenzt ist, eine Pleite daher nicht gleich zum persönlichen Ruin führt.

Die Konsequenz daraus ist allerdings, dass Banken im Normalfall einer GmbH nur dann Darlehen zur Verfügung stellen, wenn ein oder mehrere Gesellschafter für das GmbH-Darlehen bürgen. Damit ist die Haftungsbegrenzung der GmbH teilweise wieder ausgehebelt, aber eben auch nur teilweise.

Eine Art Mischform zwischen einem Einzelunternehmen und einer GmbH stellt die Kommanditgesellschaft (KG) dar. Hier gibt es eine Person, den Komplementär, der wie ein Einzelunternehmer mit seinem gesamten Vermögen haftet, und es gibt Kommanditisten, die Kapital in die Firma einlegen können, jedoch nur mit diesem Geld haften. Die Kommanditgesellschaft bietet sich beispielsweise an, wenn man seine Mitarbeiter am Unternehmen beteiligen will.

Welche Unternehmensform für Sie richtig ist, hängt also von Ihrer Situation ab.

86

AUFWAND:
EVTL. GRÜNDUNG EINER KAPITALGESELLSCHAFT; ENTWURF EINES PACHTVERTRAGES

NUTZEN:
VERBESSERTE HANDLUNGSFÄHIGKEIT IM KRISENFALL

UMSETZBARKEIT:
MÖGLICHST BALD

# Trennung

## von Eigentum und Betrieb

Wenn Sie Eigentümer der Immobilie sind, in der Sie Ihren Betrieb führen, dann ist dieser Tipp für Sie möglicherweise von entscheidender Bedeutung. Die meisten Unternehmen werden als so genannte Einzelfirma geführt, und in diesem Fall sind der Eigentümer der Immobilie und der Unternehmer die gleiche Person. So lange in Ihrem Betrieb alles gut läuft, ist das in Ordnung. Aber gerade dann sollten Sie die Weichen für die Zukunft so stellen, dass Sie auch in schlechten Tagen eine gute Position haben, um in einem noch härteren Existenzkampf bestehen zu können.

Mancher Unternehmer geht deshalb baden, weil er auf eine Krise nicht vorbereitet ist!

Eigentlich ist das seltsam: Wir schließen Kranken- und Haftpflichtversicherungen ab, unserem Wagen verpassen wir gar eine Vollkaskoversicherung, und selbst unser Leben versichern wir, obwohl wir im Versicherungsfall selbst nichts mehr davon haben. Eine eigentlich simple Maßnahme zur Existenzsicherung, wie es die Trennung von Eigentum und Betrieb ist, unterbleibt jedoch in der Regel.

Der Vorteil ist rasch erklärt: Die meisten Eigentümer haben erhebliche Bankschulden und damit verbunden hohe monatliche oder vierteljährliche Raten zu bezahlen. Kommt der Betrieb in einen Liquiditätsengpass, wird die Bank trotzdem ihre Raten abbuchen, was dazu führt, dass das Geld für anderes ausgeht: Sie können Ihre Rechnungen nicht pünktlich bezahlen, Lastschriften werden nicht eingelöst, Sie kommen in Verzug gegenüber den Krankenkassen und dem Finanzamt und vielleicht auch mit den Löhnen; alles Dinge, die den Betriebsablauf massiv stören können.

### Häufig verursachen hohe Bankraten Liquiditätsengpässe!

So geraten Sie schnell in eine Situation, in der nicht mehr Sie entscheiden, wann welche Rechnung bezahlt wird, sondern Ihre Bank. Sind Besitz und Eigentum aber getrennt, laufen die Bankraten und der normale Zahlungsverkehr des Geschäftes auf zwei völlig getrennten Wegen. Das bedeutet, dass Sie zwar in schwierigen Zeiten möglicherweise nicht in der Lage sind, Ihren Kapitaldienst in voller Höhe zu leisten, dass aber dennoch die Bank nicht in der Lage ist, Zugriff auf Ihr Geschäftskonto zu nehmen. Ihren sonstigen finanziellen Verpflichtungen können Sie also weiterhin nachkommen und Ihre ganz private Immobilienkrise führt nicht zwangsläufig auch zur Krise in Ihrem Betrieb.

Damit wir uns jedoch nicht falsch verstehen: Eine Trennung von Eigentum und Betrieb schützt Sie nicht vor einer Betriebskrise, aber sie sorgt dafür, dass Sie länger handlungsfähig sind. Die Trennung von Eigentum und Betrieb bedeutet, dass der Betrieb nicht von derselben Person geführt wird, die auch Eigentümer der Immobilie ist. Das heißt, dass ein Dritter Betriebsinhaber sein muss. Das kann natürlich auch eine Kapitalgesellschaft sein wie eine GmbH, eine AG oder seit Kurzem die Unternehmergesellschaft (Details zu Gesellschaftsformen finden Sie im Tipp *Die Wahl der Rechtsform*).

In der Praxis ist also beispielsweise der Mann Immobilieneigner, während die Frau als Pächterin die Geschäfte führt. Oder aber Sie gründen eine Kapitalgesellschaft, denn diese gilt - selbst wenn der einzige Gesellschafter identisch ist mit dem Eigner - juristisch als eigenständige Person, und lassen Sie von dieser Ihre Räumlichkeiten anpachten. Ideal ist es allerdings, wenn der Eigentümer nicht Hauptgesellschafter der Betriebsfirma ist.

### Gründen Sie eine Kapitalgesellschaft und pachten Sie Ihren eigenen Betrieb!

Wichtig ist, dass Sie einen Pachtvertrag aufsetzen, der möglichst gut für den Pächter ist. Denn im Krisenfall kann es passieren, dass die Bank faktisch, z. B. über einen Zwangsverwalter, zum Verpächter wird. Dann ist es gut, wenn der Verpächter möglichst wenig Druck über den Pachtvertrag aufbauen kann. Bzgl. Details muss man sich im Einzelfall kompetent beraten lassen.

Es geht bei der Trennung von Eigentum und Betrieb darum, dass Sie auch für den Fall handlungsfähig bleiben, wenn Sie mit den Raten Ihres Immobiliendarlehens in Schwierigkeiten geraten.

### Bei Trennung von Eigentum und Betrieb bleibt man auch in der Krise handlungsfähig!

Aus zahllosen Krisenberatungen weiß ich, wie wichtig gerade dieser Aspekt ist, für das wirtschaftliche Überleben - und durchaus auch für die Nerven und die Gesundheit. Und nehmen Sie sich dieses Themas möglichst bald an - nicht erst in der Krise!

87

# Den Partner
## aus der Haftung halten

Wenn Sie zu Ihrer Bank gehen, um ein Darlehen zu bekommen, versucht die Bank so viele Sicherheiten wie nur möglich zu bekommen. Das können Lebensversicherungen sein oder eine Immobilie oder auch die Mithaftung Ihres Lebenspartners bzw. Ihrer Lebenspartnerin. Wenn Sie Existenzgründer sind, gilt dies in besonderem Maße.

AUFWAND:
MÖGLICHERWEISE EIN WENIG STURHEIT; IM ÄUßERSTEN FALL ABSCHIED VON GEFÄHRLICHEN TRÄUMEN

NUTZEN:
DIE VIELLEICHT WICHTIGSTE LANGFRISTIGE EXISTENZSICHERUNGSMAßNAHME

UMSETZBARKEIT:
BEI BEDARF AN FREMDKAPITAL

Besonders bei Existenzgründern erwarten Banken die Mithaftung der Lebenspartner!

Das aber sollten Sie tunlichst vermeiden: Halten Sie nach Möglichkeit Ihren Lebenspartner bzw. Ihre Lebenspartnerin aus allen Haftungsrisiken heraus.

Natürlich werden insbesondere Ihre Bank oder Sparkasse Sie bedrängen, dass Ihr Mann oder Ihre Frau auf dem Darlehensvertrag mit unterschreibt oder eine Bürgschaft abgibt. Aber lassen Sie das nicht zu, selbst dann nicht, wenn eine geplante Investition ansonsten scheitern sollte. Verweisen Sie darauf, dass es allein Ihre Firma ist. Tun Sie das vor allem dann, wenn Ihr Partner faktisch gar nicht Teil des Unternehmens ist, sondern möglicherweise einen eigenen Job hat. Soll Ihre Frau oder Ihr Mann das Risiko einer Lohnpfändung und damit eventuell den Verlust des Arbeitsplatzes riskieren, wenn Ihr Betrieb über die Wupper geht?

Zum einen weiß ich aus ganz persönlicher Erfahrung, dass man unter Umständen auch ohne die Haftung des Ehepartners an ein Darlehen kommen kann, wenn man nur lange genug stur ist.

Zum anderen ist es ein wichtiges Stück Existenzsicherung, wenn der Partner vom Geschäft unbelastet ist. Sollte es nämlich eines unschönen Tages zu einer Pleite kommen, bietet der Partner die Aussicht auf eine zweite Chance. Hängt er jedoch mit drin, dann sind Sie wirklich pleite.

Im Falle einer Insolvenz bietet ein unbelasteter Partner eine zweite Chance!

Natürlich gibt es viele Menschen, die weniger auf Sicherheit aus sind, sondern stattdessen höhere Risiken eingehen. Das ist Mentalitätssache und nicht weiter zu diskutieren oder gar zu bewerten. Wenn Sie aber jemand anderen mit in Ihr Risiko nehmen, sollten Sie sich jedoch absolut sicher sein, dass Ihr Partner dieses Risiko wirklich mittragen will. Andernfalls droht im Krisenfall eine Tragödie.

88

## Keine Bürgschaften!

Kaum etwas hat schon so viel Unheil angerichtet wie Bürgschaften. Nicht umsonst hat schon Schiller ein düsteres Gedicht darüber verfasst. Ich wundere – und ärgere – mich immer wieder darüber, wie Banken und Sparkassen eine Bürgschaft als reine Formalität abtun, als handele es sich um eine Lappalie! Dabei ist das Gegenteil der Fall: Die Übernahme einer Bürgschaft ist in hohem Maße verpflichtend.

Eine Bürgschaft ist keine Lappalie!

Meiden Sie Bürgschaften wie der Teufel das Weihwasser! Bürgen Sie nie und für niemanden, ganz gleich mit welchen Engelszungen die Bitte danach an Sie herangetragen wird. Die einzige Ausnahme ist eine persönliche Bürgschaft für ein Darlehen an Ihre eigene GmbH! Ansonsten gilt: Ehe Sie eine Bürgschaft unterschrieben, leihen Sie lieber der Person, für die Sie bürgen sollen, Geld. Denn dann sind Sie Herr bzw. Herrin des Verfahrens. Sie sehen Monat für Monat, ob die Raten pünktlich bei Ihnen eingehen oder nicht, und mit jeder Rate verringert sich die Schuldsumme, und damit Ihr Risiko.

Ganz anders verhält sich das bei einer Bürgschaft. Sie bleiben auf Ihrem Risiko sitzen, bis der letzte Euro abbezahlt ist. Wenn Sie gegenüber einer Bank eine Bürgschaftserklärung für einen Dritten abgeben, gilt diese in aller Regel für die gesamte Geschäftsbeziehung. Ich kenne eine Reihe von Fällen, bei denen einmal gegebene Bürgschaften für immer neue Darlehen verwendet wurden, ohne den Bürgen zu informieren oder gar zu fragen.

Ganz häufig aber werden Personen als Bürgen verpflichtet, die gar nicht in der Lage wären, jemandem ein Darlehen in Höhe der Bürgschaftssumme zu gewähren. Wer das aber nicht kann, darf unter keinen Umständen bürgen. Sollte die Bürgschaft nämlich wirksam werden, verliert der Betreffende seine Existenz.

Wer das Geld nicht selber hat, darf auch nicht bürgen!

Lassen Sie also die Finger von einer Bürgschaft! Und lassen Sie auch niemanden für Sie bürgen! Durch Bürgschaften wurden schon Familien zerstört.

AUFWAND:
EIN KLARES „NEIN“

NUTZEN:
ABWENDUNG UNÜBERSEHBARER RISIKEN

UMSETZBARKEIT:
SOBALD DANACH GEFRAGT WIRD

89

Aufwand:
Etwas Zeit und ein überschaubarer finanzieller Aufwand

Nutzen:
Schutz vor Betriebsblindheit; Erkennen und Lösen von Problemen

Umsetzbarkeit:
Möglichst bald und von Zeit zu Zeit

# Betriebsbrille – der Blick von außen

Routine erleichtert das Leben und garantiert in vielen Bereichen des betrieblichen Lebens einen weitgehend reibungsfreien Ablauf.

Aber in jeder Routine steckt auch der Keim von Laschheit und Nachlässigkeit. Wer alles in festgelegten Bahnen laufen lässt, läuft Gefahr, Fehler zu übersehen, Entwicklungen auf dem Markt zu verpassen und notwendige Veränderungen zu versäumen.

Routine ist gut – Überprüfung ist besser!

Deshalb ist es für die Sicherung Ihres Unternehmens sehr wichtig, dass Sie von Zeit zu Zeit Ihren Betrieb kritisch unter die Lupe nehmen.

Wenn Sie immer bis zum Hals im Tagesgeschäft stecken, haben Sie dazu jedoch keine Möglichkeit. Hin und wieder müssen Sie sich aus dem alltäglichen Hickhack ausklinken, um Ihren gestalterischen Aufgaben als Unternehmer gerecht zu werden.

Tauchen Sie hin und wieder auf aus dem Ozean des Tagesgeschäfts!

Sie müssen sich den wichtigen Fragen stellen, wie beispielsweise:

- ✓ Was mache ich, um neue Gäste zu gewinnen?
- ✓ Ist mein Angebot zeitgemäß?
- ✓ Erfüllt mein Service die Erwartungen der Gäste?

- ✓ Führe ich meine Mitarbeiter so, dass sie bereit sind, überdurchschnittliche Leistungen zu bringen?
- ✓ Habe ich ein professionelles Kostenmanagement?
- ✓ Verfüge ich über ein funktionierendes Controlling?
- ✓ Entwickelt sich mein Unternehmen so, wie ich es mir vorstelle?

Es lassen sich eine Vielzahl solcher Fragen formulieren. Entscheidend ist, dass ich ehrliche Antworten darauf gebe. Und genau darin liegt meistens das Problem.

Als Betroffener steckt man viel zu tief in der Materie, um einen objektiven Blick auf seinen eigenen Betrieb werfen zu können. Alles Wissen der Welt und das größte fachliche Können schützen nicht vor Betriebsblindheit. Eingefahrene Routinen verstellen dabei den Blick ganz besonders. Besorgen Sie sich also eine „Betriebsbrille".

### Besorgen Sie sich eine „Betriebsbrille"!

Gemeint ist damit, dass Sie von Zeit zu Zeit eine außen stehende Person engagieren müssen, die Ihnen bei der Überwindung der Betriebsblindheit hilft. Wenn Sie eine wirklich kritische Beleuchtung Ihres Unternehmens haben wollen, kommen Sie um eine professionelle Unterstützung von außen nicht herum. Denn nur ein Außenstehender ist in der Lage, Probleme und Schwächen zu erkennen, die einem selbst nicht oder nicht mehr auffallen, weil sie Teil der täglichen Abläufe geworden sind.

Manchmal kann auch nur ein Außenstehender Tipps geben, wie man sich aus einer verfahrenen Situation befreit. In meinen Beratungen erlebe ich das sehr oft: Der Unternehmer sieht sich vor schier unüberwindbaren Schwierigkeiten, obwohl es Lösungen gibt, die simpel anmuten und schnell umsetzbar sind. Der Vorteil des Außenstehenden liegt darin, dass er eben nicht Teil der täglichen Routine ist.

Gönnen Sie sich also mal einen Blick von außen, gönnen Sie sich die „Betriebsbrille"!

90

Aufwand:
erheblich: Einarbeitung in ein neues Geschäftsfeld; gezielte Akquisition

Nutzen:
großes zusätzliches Umsatzpotential

Umsetzbarkeit:
mittelfristig

# Catering – mehr als ein gelegentliches Zusatzgeschäft

Es gehört sicher zu den schwersten Versäumnissen der Gastrobranche, das Partyservice- und Cateringgeschäft in der Anfangszeit weitgehend den Fleischern überlassen zu haben. Erst nach und nach haben die Gastronomen dieses Geschäft für sich entdeckt und Teile des Marktes zurückerobert. Trotzdem wird Catering von sehr vielen Gastwirten auch heute noch sehr stiefmütterlich behandelt. Für viele ist das Außer-Haus-Geschäft etwas, das man mitnimmt, wenn es sich ergibt, auf das man aber nicht als eigenes Geschäftsfeld setzt.

Dabei hat Catering weit mehr Potential, als dass es nur als gelegentliches Zusatzgeschäft betrachtet werden dürfte. Schließlich gilt es zu beachten, dass in der Cateringbranche einige große Fische schwimmen, die nichts anderes machen, sich also nicht eines großen Kundenpools bedienen können, wie sie ein Gastronom oder Fleischer es und mittlerweile immer häufiger auch ein Bäcker bereits vor sich hat.

Der Großteil aller Anbieter auf dem Partyservice- und Cateringmarkt bedient kleine Veranstaltungen mit maximal 100 Personen, meist aber sind es viel weniger. In diesem Marktsegment ist der Konkurrenzkampf mörderisch.

Fast alle stürzen sich auf das gleiche Marktsegment!

Das liegt zum Teil daran, dass sich hier Anbieter tummeln, die glauben, das Geschäft allein über niedrige Preise machen zu können – selbst auf Kosten des eigenen Untergangs. Hinzu kommt, dass Fleischer in der Regel Vorteile beim Wareneinkauf haben, so weit es Fleischprodukte betrifft.

Auch der Kundenkreis ist mitunter nicht allzu anspruchsvoll, oder zumindest nicht bereit oder in der Lage, für die erwünschten Leistungen angemessen zu bezahlen. Somit läuft in diesem Bereich tatsächlich viel über den Preis, und überall da, wo der billigste Anbieter gewinnt, ist auf lokalen Märkten kaum Geld zu verdienen.

Aber wie immer gibt es Ausnahmen: Auch bei kleineren Feiern gibt es eine Klientel, die sehr qualitätsbewusst ist und das nötige Kleingeld hat, sich das auch leisten zu können. Wer hier versucht, über den Preis ins Geschäft zu kommen, hat schon verloren. Wer 1-A-Qualität will, weil ihm anlässlich seines 60. Geburtstages das Beste gerade gut genug ist, jagt nicht nach Schnäppchen.

Die lukrativen Aufträge kriegen nicht die Billiganbieter!

Bei solchen Aufträgen kommt nur der zum Zug, der ein hervorragendes Renommee genießt. Das kann ein erfahrener und hoch angesehener Caterer sein, aber auch ein Gastronom, wenn sein Haus zu den führenden Restaurants der Gegend gehört.

Ganz anders stellt sich der Markt dar bei großen Veranstaltungen. Events mit hunderten oder gar tausenden Teilnehmern trauen sich nicht mehr viele zu. Die Anzahl der Mitbewerber wird überschaubar.

Bei großen Veranstaltungen ist die Zahl der Mitbieter gering!

Dafür sind es jetzt aber nur noch Profis, gegen die Sie antreten müssen. Bei den zu vergebenden Aufträgen geht es um große Summen. Ein einzelner großer Cateringauftrag kann den Jahresumsatz einer kleinen Gaststätte ausmachen!

Solche Aufträge aber haben in der Regel eine lange Vorlaufzeit. Bei großen Firmenjubiläen beginnt die Planung mitunter zwei Jahre vor dem Ereignis. Sie brauchen also einen langen Atem. Außerdem verlangt das gehobene Cateringgeschäft nach aktiver Akquisition. Sie müssen Kontakte knüpfen und pflegen, im Internet recherchieren, welche Firma wann welches Jubiläum hat und vieles mehr.

Doch der Aufwand lohnt sich: Die Gewinnmöglichkeiten sind beträchtlich. Bei großen Veranstaltungen können Sie schließlich nicht nur Speisen und Getränke abrechnen, sondern auch das Mobiliar, das Personal und alles Drumherum.

Alles kommt auf die Rechnung!

Wenn man sich erst einmal mit der Materie beschäftigt hat (z. B. durch Lektüre meines zusammen mit dem Top-Caterer Eibe Cordes erstelltes Buches *Partyservice und Catering*) merkt man rasch, dass der Einstieg ins Cateringgeschäft nicht so schwer ist, wie man das vielleicht befürchtet hat.

91

Aufwand:
Internetrecherche nach geeigneten Leihfirmen

Nutzen:
Höhere Kapazitäten, keine Probleme mit Anlieferung, keine Kapitalbindung

Umsetzbarkeit:
nach entsprechender Vorarbeit

# Mieten – der Schlüssel zu Catering und Eventgastronomie

So mancher Gastronom scheut den Schritt hin zum Catering, weil er Angst hat vor den nötigen Investitionen. Und mancher Betreiber eines kleinen Partyservice blickt neidvoll auf die Kollegen, die große Veranstaltungen durchführen, und fragt sich, woher diese nur all das benötigte Equipment haben.

Dabei gibt es in der Branche ein Zauberwort, mit dem sich derlei Probleme leicht lösen lassen: Mieten! Tatsächlich gibt es so gut wie nichts, das sich nicht bei darauf spezialisierten Unternehmen gegen Gebühr entleihen ließe, sei es nun Geschirr, Besteck oder Gläser, Möbel oder auch ganze Küchenausrüstungen, ja sogar Personal. Für jeden Bedarf findet sich ein entsprechender Lieferant.

## Mieten erleichtert Neulingen den Einstieg!

Gerade für Neulinge bietet Mieten eine hervorragende Möglichkeit, ohne große Investitionen ins Geschäft einzusteigen. Im Grunde genommen muss nichts selbst gekauft werden, alles kann nach Bedarf auf Leihbasis beschafft werden. Dadurch beschränkt sich der Kapitalbedarf auf die Mietkosten der Leihgüter. Diese allerdings müssen in aller Regel vorab, bzw. bei Anlieferung bezahlt werden, wobei in diesem Geschäft Bargeld nach wie vor gern gesehen wird.

Eine echte Kostenersparnis ergibt sich bei Geschirr, Besteck und Gläsern. Nicht nur, dass Ihnen der heikle Transport erspart bleibt, Sie müssen auch nicht spülen. Denn die Verleiher holen Geschirr grundsätzlich ungespült wieder ab, da Sie aufgrund der geltenden Hygienevorschriften ohnehin verpflichtet sind, alles nach Rücknahme zu reinigen.

Ein weiterer wichtiger Vorteil des Mietens ist die Anlieferung. Wer eigene Ausrüstung verwendet, muss diese selbst an den Veranstaltungsort liefern und von dort wieder abholen. Gemietetes Equipment wird hingegen vom der Verleihfirma direkt zum Ort des Geschehens gebracht. Selbst da muss die Leistung des Anbieters nicht zu Ende sein. Viele Unternehmen liefern nicht nur an, sondern bauen auch auf und wieder ab. Im Zeltverleih ist das ohnehin selbstverständlich, da kein Zeltverleiher das Risiko eingehen möchte, dass das Zelt durch unsachgemäße Behandlung beschädigt wird. In diesem Fall wird also auch die notwendige Manpower mit geliefert.

Alles wird geliefert, ggf. auf- und abgebaut und wieder abgeholt!

Überhaupt ist verfügbare Manpower im Cateringgeschäft ein entscheidender Faktor. Wohl kaum ein Caterer kann es sich leisten, soviel Personal in Lohn und Brot zu halten, um Veranstaltungen beliebiger Größe durchzuführen. Hier ist es unerlässlich auf Leiharbeitsfirmen zurückzugreifen, von denen einige sich auf die Gastro-Branche spezialisiert haben.

Wer Personal mieten will, tut jedoch gut daran, seine Wünsche frühzeitig anzumelden. Erfahrene Caterer und Eventgastronomen wissen, dass man sich spätestens vier, besser acht Wochen vor einer Veranstaltung um das Personal kümmern sollte. Aber große Aufträge kommen ja auch selten von heute auf morgen.

Mieten kostet Geld, bringt aber viele Vorteile!

Natürlich haben die Mietgüter ihren Preis. Hier wird nichts verschenkt. Aber es gibt eine ganze Reihe von nicht zu unterschätzenden Vorteilen gegenüber der eigenen Anschaffung, von denen ich mehrere aufgezeigt habe.

Ein besonderer Vorteil des Mietens gegenüber der Investition sei noch dargestellt: Da nur die wenigsten Caterer ihre gesamte Ausrüstung mit Eigenkapital anschaffen können, müssen Kredite in Anspruch genommen werden. Aus Gründen der Kreditbesicherung sind dabei Küchenausrüstung oder gar Geschirrteile problematisch. Hinzu kommt, dass jeder Kredit die Bonität und das Rating des Unternehmers belastet, während Mietgebühren in keiner Bilanz auftauchen und daher die Kreditwürdigkeit des Betriebes nicht beinträchtigen.

Es gibt also viele gute Gründe, über das Thema Mieten ernsthaft nachzudenken.

Aufwand:
Je nach heutigem Ist-Zustand; Aufwand kann unter Umständen sehr hoch sein

Nutzen:
Verwandlung eines Defizits in einen Gewinn

Umsetzbarkeit:
mittel- bis langfristig

# Erfolg im Hotel-Restaurant

Es kommt leider häufig vor, dass Hotels in den zum Haus gehörenden Restaurants einen nicht unerheblichen Teil des Geldes, das sie mit Übernachtungen verdienen, wieder verlieren. Manch ein Hotelier hat mir gegenüber sogar die Meinung vertreten, dass Verluste im Hotel-Restaurant unvermeidbar wären.

Ich teile diese Auffassung keineswegs, kenne ich doch viele Betriebe, in denen sowohl im Hotel als auch in der Gaststätte mit Gewinn gearbeitet wird. Außerdem entgegne ich stets, dass jemand, der nur ein Restaurant ohne Hotel hat, ja auch Gewinn machen muss.

Das Restaurant darf keinen Verlust verursachen!

Um in beiden Bereichen Erfolg zu haben, muss der Unternehmer Hotel und Restaurant unabhängig voneinander betrachten, als wären sie nur zufällig im selben Gebäude. Denn beide Bereiche stellen grundverschiedene unternehmerische Anforderungen: Während das Hotel eine reine Dienstleistung für ortsfremde Gäste ist, handelt es sich beim Restaurant um einen personalintensiven Produktionsbetrieb, der auf dem lokalen Markt bestehen muss, um Gewinn zu erwirtschaften.

Das Restaurant muss als eigener Betrieb gesehen werden!

Es gibt viele Möglichkeiten, diese unterschiedlichen Anforderungen anzupacken. Wichtig ist, dass das Restaurant vor allem von den lokalen Gästen als eigenständiger Betrieb wahrgenommen wird. Hotels richten sich schließlich an ortsfremde Gäste, nicht an die vor Ort!

### Niemand geht zum Essen ins Hotel!

Daher sollte das Restaurant nach Möglichkeit einen eigenen Eingang haben. Für viele Restaurantgäste stellt es eine unüberwindliche Hürde dar, wenn sie zuerst durch die Hoteltür an der Rezeption vorbeigehen müssen, um ins Restaurant zu gelangen. Hier werden im wahrsten Sinne des Wortes Schwellenängste provoziert, und diese gilt es zu vermeiden. Ein separater Eingang ins Restaurant eröffnet den lokalen Markt als Kundschaft!

Dass die Hotelgäste wiederum einen direkten Zugang zu den Speiseräumen haben können, schadet natürlich nicht, sondern ist selbstverständlich ein Vorteil. Muss der Gast nämlich das Haus verlassen, um ins Restaurant zu kommen, kann er fast ebenso gut ein anderes Lokal aufsuchen.

Ein weiterer wichtiger Punkt ist, dass das Restaurant ein eigenständiges Konzept haben sollte. Das kann, ja sollte durchaus zum Konzept des Hotels passen, aber doch insoweit eigen sein, dass das Restaurant als eigenständiges Angebot wahrgenommen wird und nicht nur als Dienstleistung für die Gäste des Hotels. Dabei hat es sich als einfacher erwiesen, ein bestehendes Restaurantkonzept auch auf den Hotelbetrieb zu übertragen als umgekehrt.

Ein weiterer nicht zu unterschätzender Aspekt ist die Gestaltung des Restaurants. Da viele Hotelrestaurants beim Bau oder einfach aus alter Tradition nur als Bestandteil des Hotels gesehen wurden, ist ihre Ausgestaltung leider oft sehr „hotelhaft“. Sie wirken wie Speisesäle, bei Neubauten sogar richtiggehend aseptisch. Doch der typische Restaurantgast will keinen Speisesaal, sondern er sucht Gemütlichkeit und eine angenehme, gastliche Atmosphäre.

Auf diese Weise gewinnen sie auch Ihre Hotelgäste als Restaurantgäste – nämlich als echte Restaurantgäste!

### Gewinnen Sie die Gäste aus der Region – und Ihre Hotelgäste dazu!

Dem Vorurteil, Hotelrestaurants seien steif und bieder, müssen Sie begegnen. Es hilft Ihnen nichts, wenn die Vorurteile nicht wahr sind. Das ist ja gerade das Gemeine an Vorurteilen, dass sie nicht überprüft werden, sondern einfach als richtig angenommen werden.

Sie müssen es also erst überhaupt schaffen, dass der normale Speisegast aus der näheren Region, der eben nicht Gast Ihres Hotels ist, Sie besucht. Und dazu sollten Sie möglichst den Eindruck erwecken, dass es sich um ein ganz normales Restaurant handelt.

Wenn es Ihnen gelingt, dass die Gäste der Region Ihr Hotelrestaurant als Speiselokal entdecken, wird auch bei gehobener Preislage niemand ihr Lokal als „teuer“ empfinden!

93

Aufwand:
Hohe Anforderung an Vorbereitung und Durchführung; zusätzliche Kosten

Nutzen:
Gästebindung, höhere Erlöse

Umsetzbarkeit:
mittel- bis langfristig

# Zusatzerlöse

## mit eigenen Events

Letztendlich gibt es nur zwei Arten, seine Erlöse zu steigern: Entweder Sie erweitern den Kreis Ihrer Gäste, oder Sie bringen Ihre Gäste dazu, bei Ihnen mehr Geld auszugeben.

Für Letzteres bestehen wiederum verschiedene Möglichkeiten:

- ✓ Sie können die Preise erhöhen,
- ✓ Sie können den Gast durch aktiven Verkauf zu mehr Konsum und Genuss bewegen, oder
- ✓ Sie sorgen dafür, dass der Gast öfter den Weg zu Ihnen findet.

Für den häufigeren Besuch müssen Sie ihm allerdings gute Gründe liefern.

Selbst veranstaltete Events sind dazu ein probates Mittel. Dennoch sollte man auf einige Dinge achten, damit aus einem möglichen Erfolg kein Misserfolg wird.

Zunächst gilt es das richtige Thema für einen Event zu finden. Schon in dieser Phase sollten Sie darauf achten, welche Kosten die Umsetzung Ihrer Idee mit sich bringt. Wenn Sie hohe Gagen für Künstler oder sonstige Akteure zahlen müssen, wird ein wirtschaftlicher Erfolg sehr schwierig.

Hohe Gagen belasten die wirtschaftlichen Erfolgschancen erheblich!

Ich möchte das anhand eines Beispiels verdeutlichen: Angenommen Sie zahlen für einen Auftritt eines Zauberers 2.000 Euro und servieren rund um die Veranstaltung ein tolles Menü für 30 Euro pro Person. Wenn Sie mit einem Wareneinsatz von 30 %

arbeiten, dann brauchen Sie allein 95 Teilnehmer nur um den Künstler zu bezahlen! Kosten für Werbung, für Deko oder zusätzliches Personal sind dabei noch gar nicht berücksichtigt.

Wenn Sie es nicht gewohnt sind, riesige Säle zu füllen, sollten Sie sich also ein Rahmenprogramm aussuchen, das kostengünstig ist oder vielleicht sogar kostenlos ist.

Laden Sie sich also z. B. einen Winzer ein, der auf unterhaltsame Weise von Weinbau und Weinkunde erzählt und dabei seine eigenen Weine präsentiert. Da er ein Eigeninteresse hat, nämlich den Verkauf seiner Weine, wird er wahrscheinlich kein oder nur wenig Geld für seinen Part verlangen.

Derlei Themen gibt es viele, gleich ob es sich um Mode, Schmuck, Autos, neue Bücher oder etwas anderes handelt, das geeignet ist, Menschen zu interessieren, wie vielleicht ein engagiert vorgetragener Reisebericht. Eine gewisse Originalität ist dabei sicherlich hilfreich. Je nach Art des Betriebes, nach Umgebung und lokalen Besonderheiten lassen sich ganz unterschiedliche Anlässe für Events finden. Wer zudem ein klares Profil für sein Haus hat, wird darauf achten, dass die Veranstaltungen mit diesem Profil korrespondieren.

### Verbinden Sie gehobene Unterhaltung mit gehobenem Essgenuss!

Im Zentrum Ihres Interesses muss jeweils die hervorragende Bewirtung der Gäste stehen. Wenn das Rahmenprogramm interessant ist, kann es beim Essen auch höherwertig und höherpreisig zugehen. Die Erfahrung zeigt, dass es selbstverständlich Gäste gibt, die gern bereit sind, für besondere Leistungen mehr zu bezahlen.

Natürlich stellt diese Gästegruppe hohe Anforderungen an die Qualität einer Veranstaltung: Alles muss klappen wie am Schnürchen, und das Programm muss professionell und unterhaltsam präsentiert werden.

Um dies zu erreichen, muss ein solcher Event richtig geplant und beworben werden. Darum dreht sich der nachfolgende Tipp *Eigene Events planen und bewerben.*

94

Aufwand:
abhängig von der jeweiligen Veranstaltung

Nutzen:
unverzichtbar bei eigenen Events

Umsetzbarkeit:
sofort, wenn Events geplant werden

# Eigene Events planen und bewerben

Planung, Werbung und Durchführung sind für den Erfolg eines Events von entscheidender Bedeutung. Denn die Qualität, mit der Sie eine Veranstaltung meistern, trägt ganz erheblich zu Ihrem Ruf bei. Dabei muss nicht jede Veranstaltung zwingend darauf ausgerichtet sein, Gewinne zu erwirtschaften. Möglicherweise steht der PR-Effekt für das Haus im Vordergrund, und der wirtschaftliche Erfolg wird erst infolge eines sehr gut durchgeführten Events erwartet. In jedem Fall ist es von äußerster Wichtigkeit, dass alles wie am Schnürchen klappt.

Eigene Events prägen den Ruf Ihres Hauses!

Gerade weil derartige Veranstaltungen die Mundpropaganda beflügeln, müssen Sie von hoher Qualität sein. Schließlich wollen Sie eine gute Mundpropaganda und keine schlechte. Seien Sie versichert: Wenn Sie eine Veranstaltung verbocken, macht das wesentlich schneller die Runde, als wenn sie gut funktioniert.

Um dieses ehrgeizige Ziel zu erreichen, braucht man genügend Zeit, für die Vorbereitung einer Veranstaltung. Sie müssen mit Sorgfalt die Partner auswählen, ob es sich nun um einen Winzer, einen Juwelier, einen Musiker oder einen Schriftsteller handelt. Sie müssen sich intensiv Gedanken darüber machen, wie Sie aus Ihrer Veranstaltung etwas Besonders machen.

Sie müssen sich außerdem eine kleine Begrüßungsansprache ausdenken. Wenn Sie kein routinierter Redner sind, sei Ihnen dringend angeraten, sich eine kleine Rede aufzuschreiben, um sich die Peinlichkeit zu ersparen, nach Worten ringend vor den Gästen zu stehen.

Eine gute Begrüßungsansprache verschafft der Veranstaltung einen optimalen Start!

Wenn ein Event wirklich gelingen soll, muss man also ausreichend zeitlichen Vorlauf haben. Das können je nach Aufwand wenige Wochen, aber durchaus auch Monate sein. Spontaneität ist durchaus reizvoll und in manchen Lebenslagen sogar unverzichtbar, aber sie ersetzt kein planvolles Handeln. Hinzukommt, dass Sie Ihre Veranstaltung ordentlich bewerben müssen. Wichtig ist dabei, dass die Kosten für die Werbung in einem gesunden, vertretbaren Verhältnis zu dem erwarteten Erfolg stehen. Teure Zeitungsanzeigen sprengen diesen Rahmen häufig. Außerdem ist die Effizienz solcher Annoncen schwer messbar.

Wesentlich besser ist es, wenn Ihr Event so attraktiv ist, dass Sie einen redaktionellen Beitrag in der lokalen Presse platzieren können. Dazu müssen Sie Vertreter der lokalen und regionalen Medien direkt ansprechen, indem Sie einen Zeitungsredakteur persönlich zu einem Informationsgespräch einladen, schließlich ist persönliche Kontaktpflege von großem Wert.

Binden Sie die örtliche Presse ein!

Außerdem bietet sich die Möglichkeit, eine fertig abgefasste Pressemitteilung abzugeben. Das hat den Vorteil, dass Sie einerseits dem Journalisten ein wenig von seiner Arbeit abnehmen und andererseits den erscheinenden Text erheblich beeinflussen können.

Voraussetzung dafür ist allerdings, dass Sie in der Lage sind, entsprechende Texte zu verfassen. Sollten Sie die Absicht haben, Pressemitteilungen selbst zu schreiben, informieren Sie sich zuvor über die Besonderheiten solcher journalistischer Kurztexte.

Pressemitteilungen erfordern journalistische Grundkenntnisse!

Eine hervorgehobene Bedeutung bei der Bewerbung eines Events kommt den vorhandenen Gästen zu. Wenn Sie über eine Gästedatei verfügen, können Sie mit einem Anschreiben auf die geplante Veranstaltung hinweisen. So weit Sie über Email-Adressen Ihrer Gäste verfügen, können Sie via Email zum Nulltarif auf Ihre Events hinweisen.

Nicht vergessen werden darf die Inhauswerbung: Mittels Tischreitern oder Flyern, die Sie problemlos am eigenen PC erstellen können, machen Sie Ihre Gäste auf die Veranstaltung in Ihrem Hause aufmerksam und hoffentlich auch neugierig.

Werbung muss neugierig machen, wenn sie effektiv sein soll.

95

Aufwand:
Nicht den scheinbar leichtesten Weg gehen

Nutzen:
Verbesserte Chancen zum Überstehen von Krisen

Umsetzbarkeit:
Zu Beginn und in Krisen

# Todesspirale vermeiden

Es ist unerlässlich, seine Kostenpositionen immer wieder auf den Prüfstand zu stellen, um kein Geld durch unnötige Ausgaben zu verlieren. Dabei kann man keinen Kostenfaktor auslassen.

Sobald es jedoch Schwierigkeiten im Betrieb gibt, fällt der Blick meistens zuerst auf die Personalkosten. Die Gehaltszahlungen sind in der Tat in vielen Betrieben der höchste Ausgabenposten. Das bedeutet, dass in ihm auch das höchste Einsparpotential steckt. Außerdem machen es uns die großen Betriebe der Wirtschaft vor: Überall liest man von Entlassungen zur Verbesserung der Ergebnisse.

Entlassungen scheinen bei Schwierigkeiten das Mittel der Wahl zu sein.

Auch in der Gastronomie gilt, dass Sie keine Mitarbeiter beschäftigen können, die Sie nicht brauchen, Dennoch möchte ich vor schnellen Entlassungen zur Senkung der Betriebskosten warnen: Denn diese Maßnahme birgt eine große Gefahr!

Gastronomie und Hotellerie sind klassische Dienstleistungsunternehmen. Der Erfolg hängt in hohem Maße von der Qualität ab, mit der die Dienstleistungen erbracht werden. Wenn Ihre Einsparungen im Personalbereich zu Lasten der Qualität Ihrer Dienstleistungen gehen, verlieren Sie einen wichtigen Erlösfaktor!

Die Folgen liegen auf der Hand: Ihre Gäste werden mit Ihren Leistungen unzufrieden sein und sie seltener besuchen. In der Folge gehen Ihre Umsätze zurück, so dass Ihre Schwierigkeiten sich vergrößern. Häufig werden dann weitere Mitarbeiter entlassen, um das Problem auf der Kostenseite aufzufangen.

Was nun geschieht, nenne ich „Todesspirale“: Je mehr Personal Sie abbauen, umso schlechter wird Ihre Leistung, und in der Folge verlieren Sie immer mehr Gäste, was Sie wiederum zu immer größeren Kosteneinsparungen zwingt – bis Ihr Betrieb am Boden liegt!

Von daher dürfen Probleme nicht auf diesem Weg gelöst werden.

Erlösprobleme können dauerhaft nur mit Maßnahmen zur Erlössteigerung gelöst werden!

Nur mit Erlössteigerungen können Sie die Todesspirale vermeiden.

96

# Toilette als Maßstab

Der Zustand Ihrer Toiletten ist der ultimative Prüfstein für Ihren gastronomischen Betrieb. Es ist nun einmal so, dass der Gast hierzulande direkte Parallelen zieht zwischen der Sauberkeit auf dem stillen Örtchen und der Hygiene in der Küche.

Wenn Ihr WC nicht tipptopp ist, hat der Gast auch kein Vertrauen in Ihre Küche!

Auf der anderen Seite können Sie mit einer vorbildlichen Toilette richtig punkten und das ganze Haus aufwerten. Dabei geht es nicht unbedingt um aufwändige und kostspielige Installationen, sondern um Details, die stimmen müssen.

Natürlich darf es auf dem stillen Örtchen nicht stinken! Aber das ist nicht genug. Auch ein simpler Duftspender, wie ihn der eine oder andere im Auto hängen hat, der ein dezentes Fichtennadelaroma verbreitet, führt schlimmstenfalls dazu, dass es dann eben so riecht, als hätte jemand in den Wald gesch...

Hygiene geht durch die Nase!

Sie müssen aus Ihren Toiletten keine Wellness-Oasen machen, aber es reicht nicht, wenn es in Ihren Toiletten nicht stinkt und die Sanitäreinrichtungen erkennbar sauber, ja sogar desinfiziert sind. Heute erwarten die Gäste, dass auch die Toiletten eines gastronomischen Betriebes keine reinen Zweckeinrichtungen sind, in denen man notgedrungen seine Notdurft verrichtet.

Abgesehen davon, dass es in Ihren Toiletten nicht bitterkalt sein sollte, ermöglichen Duftöle, Pflanzen-Potpourries und auch technisch unterstützte Anlagen die Gestaltung einer angenehmen Atmosphäre. Es wird Ihnen nicht erspart bleiben, das eine oder andere auszuprobieren, um das für Sie Richtige zu finden. Das hängt auch stark von den Räumlichkeiten ab. Außerdem ist es ratsam, für Herren- und Damentoiletten unterschiedliche Duftnoten zu wählen. Schließlich riechen auch Rasierwässer anders als Damenparfums.

Die Räume sollten in warmen Farbtönen gehalten sein, Dekogegenstände wie Bilder, Pflanzen sorgen für Behaglichkeit. Gerade lebende Pflanzen vermitteln den Eindruck, dass der gute Geruch natürlich und nicht künstlich ist.

Das Auge riecht mit!

Zuletzt kann auch noch eine sanfte musikalische Berieselung dazu beitragen, dass Ihre Toilette ein Ort ist, den der Gast gerne aufsucht, und der sein Vertrauen in Ihren Betrieb stärkt und festigt.

AUFWAND:
VIELE KLEINIGKEITEN, DIE IM LAUFE DER ZEIT HINZUKOMMEN KÖNNEN

NUTZEN:
GAST FÜHLT SICH WOHLER; DAS VERTRAUEN IN DIE KÜCHE STEIGT

UMSETZBARKEIT:
IM LAUFE DER ZEIT

97

Aufwand:
minimal; Sie müssen lediglich Ihre Akquisitions- und Buchungsunterlagen ändern

Nutzen:
sehr hoch, weniger Stornoausfälle und Wettbewerbsvorteil

Umsetzbarkeit:
ab den nächsten Gruppenbuchungen

# Das Leid mit den Stornos

Geschäfte mit Reisegruppen sind für viele Hoteliers interessant und lukrativ – aber auch schwierig. Eines der Hauptprobleme dabei sind die häufig kurzfristigen Stornierungen. Manche Reise-, aber auch Seminarveranstalter verlassen sich einfach darauf, dass jede Stornierung in der Aussicht auf zukünftige Geschäfte kulant behandelt wird – also darauf, dass keine Stornogebühren erhoben werden.

Reiseveranstalter gehen davon aus, dass eine Stornierung nichts kostet!

Häufig wollen die Kunden sogar von vorneherein ein Recht zu kostenlosem Storno eingeräumt bekommen. Und gerade an dieser Stelle, an der der Kunde glaubt, sich einen besonderen Vorteil zu verschaffen, lässt sich der Hebel ansetzen, um mit dem Problem Storno besser umgehen zu können.

Wenn Sie wissen, dass ein bestimmter Reise- oder Seminarveranstalter ein kostenloses Stornierungsrecht einfordern wird, dann können Sie ihm das ebenso gut aktiv anbieten. Die Frage kommt ja ohnehin. Nur dass Sie sich auf diese Weise schon in der Akquisitionsphase einen Vorteil gegenüber Mitbewerbern erarbeiten, die dies nicht so handhaben, die also das Recht zur Vertragskündigung nicht aktiv anbieten.

Bieten Sie Stornierungsrecht von sich aus und gewinnen Sie dabei!

Sie verlieren nichts, sondern gewinnen im Gegenteil dabei, wenn Sie von sich aus, befristet bis 30 Tage vor Reiseantritt, ein Stornierungsrecht anbieten.

Richtig interessant wird die Sache aber erst dadurch, dass Sie kein einseitiges, sondern ein gegenseitiges Stornorecht einräumen. Das bedeutet, nicht nur der Kunde, sondern auch Sie als Hotelier können den Auftrag stornieren.

Genau das verbessert Ihre Handlungsmöglichkeiten ganz erheblich. Bisher haben Sie aufgrund einer Gruppenbuchung eine entsprechende Anzahl von Zimmern blockiert. Kam es dann einen Monat vor Anreise zu einer Absage, waren Sie mit einiger Wahrscheinlichkeit nicht mehr in der Lage, die Zimmer neu zu belegen. Und das obwohl Sie vielleicht für den fraglichen Zeitraum noch andere Anfragen hatten, die Sie jedoch im Vertrauen auf die erfolgte Buchung abgelehnt hatten. Sie standen mit leeren Händen da - und mit Wut im Bauch!

Ihr eigenes Stornorecht gibt Ihnen nun die Chance, Überbuchungen anzunehmen, also beispielsweise zwei Gruppen anzunehmen, auch wenn dafür Ihre Betten nicht ganz ausreichen. Erfolgt dann von Kundenseite ein Storno, haben Sie wenigstens noch die andere Gruppe im Haus. Kommt es zu keiner Vertragskündigung, müssen Sie sich rechtzeitig vor Ablauf der Stornofrist mit den Veranstaltern in Verbindung setzen und definitive Zusagen einfordern. Sagen beide Gruppen zu, dann müssen Sie nur noch das Problem mit den überzähligen Gästen klären.

Dazu ist es notwendig, dass Sie ein oder zwei Partnerhotels in Ihrer Nähe haben, die einen eventuellen Überhang aufnehmen können und wollen. Hat die erste Gruppe fest zugesagt, dann teilen Sie der zweiten Gruppe mit, dass Sie einige Gäste adäquat außer Haus unterbringen werden. Fehlende Betten sind angenehmer als leere.

Überbuchungen sind Luxusprobleme!

In den meisten Fällen dürfte das keine Probleme hervorrufen. Sollte der Veranstalter jedoch nicht damit einverstanden sein, dann müssen Sie gegebenenfalls den Vertrag von Ihrer Seite her stornieren. Aufgrund der getroffenen Regelung können Sie das. Die meisten Veranstalter werden dann - wenn auch zähneknirschend - mit einer teilweisen Ausquartierung der Gäste einverstanden sein. Das ist allemal besser, als wenn Sie ein leeres Haus haben.

Nehmen Sie die Sache in die Hand!

98

Aufwand:
dauerhaftes Bemühen

Nutzen:
klarer Wettbewerbsvorteil

Umsetzbarkeit:
ständig

# Konsequenz entscheidet

Für den Erfolg der Individuellen Profilierung, also des Betriebskonzeptes eines Gastronomie- oder Hotelbetriebes ist die Konsequenz in der Umsetzung entscheidend. Dafür muss nicht zwangsläufig viel Geld ausgegeben werden. In vielen Fällen ist das ohnehin nicht möglich, weil keine großen Beträge zur Verfügung stehen.

Die Konsequenz in der Umsetzung eines Konzeptes zeigt sich mehr durch die langfristige Verfolgung eines eingeschlagenen Weges. Ein Satz, den ich immer wieder höre, lautet: „Ich habe schon alles Mögliche probiert, aber nichts hat mich entscheidend voran gebracht." Alles Mögliche zu probieren, ist jedoch nicht das, worum es geht. Ganz im Gegenteil: Die hartnäckige Verfolgung einer gewählten Strategie bringt den entscheidenden Schritt nach vorne.

Machen Sie nicht zehn Sachen halbherzig,

sondern eine Sache voll und ganz!

Ist ein Thema für ein Konzept einmal festgelegt, müssen sich Ausstattung und Deko des Hauses im Laufe der Zeit immer mehr danach richten. Die Entscheidung, was zum Haus passt und was nicht, ist dann ganz einfach: Nur wenn es zum gewählten Thema passt, passt es ins Haus.

Das Gleiche gilt natürlich für die Gestaltung der Speisekarte, die das Thema des Betriebs transportiert, und setzt sich fort in Ihrem Internet-Auftritt, in Flyern und sonstigen Druckunterlagen.

Das Thema Ihres Konzeptes muss sich überall widerspiegeln!

Wichtig ist es, immer im Gespräch zu bleiben und mit Nachdruck am eigenen Image zu arbeiten. Dabei helfen beispielsweise Events, die mit dem Thema des Hauses in Verbindung stehen. Solche Veranstaltungen können gleich aus zwei Gründen wirtschaftlichen Erfolg bringen. Einerseits sind sie geeignet, die Individuelle Profilierung weiter zu schärfen und Ihre Kompetenz auf dem gewählten Gebiet zu unterstreichen. Andererseits sind gut organisierte und geplante Veranstaltungen für sich ein Gewinnfaktor. Ein erfolgreich durchgeführter Event ist hoch effiziente Werbung, die nicht Geld kostet, sondern Geld bringt! Da lohnt es sich schon, sich ein wenig anzustrengen.

Entscheidend für den langfristigen Erfolg ist, dass sich die Veranstaltungen immer wieder rund um das gewählte Thema drehen. Mit der nötigen Phantasie kann man dabei den Bogen sehr weit spannen, so dass es keineswegs langweilig und eintönig wird. Die Events helfen Ihnen, ein Thema so zu besetzen, dass Sie sich deutlich von Ihren Mitbewerbern abheben können, und dass es eventuelle Trittbrettfahrer sehr schwer haben, weil Sie in der Öffentlichkeit als das Original wahrgenommen werden, während der andere nur als Nachahmer gilt.

Die Konsequenz, mit der ein Konzeptthema verfolgt wird, beschränkt sich selbstverständlich nicht auf Veranstaltungen. Sie kann sich in der Kleidung des Personals zeigen, in der Tischwäsche genauso wie im Geschirr. Dabei darf und soll sich das Ganze im Laufe der Zeit entwickeln. Es muss nicht alles perfekt sein, wenn Sie ein neues Konzept an den Start bringen – ganz im Gegenteil! Manchmal wirkt allzu viel Perfektion eher unterkühlt und damit lieblos. Die Gäste merken, ob etwas sich mit Liebe entwickelt hat oder ob es am Reißbrett entworfen worden ist.

Was mit Liebe entsteht, wirkt meist gemütlicher als kühle Innenarchitektur!

Mit jedem Schritt, den Sie konsequent gehen, vergrößern Sie den Vorsprung gegenüber anderen, die möglicherweise auf Ihren Erfolgszug aufspringen wollen.

Wer mit Erfolg ein interessantes Thema für sich belegt hat, muss den Kampf um den Gast nicht über den Preis führen – und wer will das schon?

99

Aufwand:
Kosten und Zeit, je nach Umfang der Beratung

Nutzen:
in verschiedenen Bereichen unverzichtbar

Umsetzbarkeit:
sofort bei Bedarf

# Beratung – Ausdruck von Professionalität

Ich habe mehrfach von Unternehmern gehört, dass Sie sich lange gescheut hätten, einen Berater zu engagieren, weil sie das als Zeichen von Schwäche angesehen hätten. Sie hätten gedacht, dass sie Manns genug sein müssten, Probleme, Schwierigkeiten und neue Herausforderungen allein meistern zu können.

So viel Tapferkeit in allen Ehren, aber professioneller ist es freilich, anzuerkennen, dass man nicht alles wissen kann. Immer wieder werde ich erst dann als Berater hinzugezogen, wenn dem Unternehmer das Wasser bis zum Hals steht. Dann aber ist Hilfe aufwändiger und schwieriger als zu einem früheren Zeitpunkt.

Dabei ist es schlichtweg hilfreich, ja notwendig, von Zeit zu Zeit und je nach Thema Know-How von außen zuzukaufen.

Es ist kein Zeichen von Stärke, alles allein zu machen!

Für große Unternehmen und auch für staatliche Organisationen ist das Hinzuziehen von Beratern eine Selbstverständlichkeit. Dabei möchte man meinen, große Konzerne oder Ministerien müssten doch selbst genug hoch qualifizierte Leute haben, um allen Anforderungen gerecht zu werden. Doch die Verantwortlichen wissen, dass ein guter Berater zwei Vorteile gegenüber den hauseigenen Spezialisten hat: Einerseits hat der Berater in der Regel Erfahrungen in vielen Betrieben gemacht und verfügt über ein Vergleichswissen, das man sich in einer einzigen Firma niemals aneignen könnte.

Andererseits kommt er von außen. Er ist kein Rädchen im laufenden Getriebe und damit immun gegen die in jedem Unternehmen existierende Betriebsblindheit (siehe auch Tipp *Betriebsbrille*). Unvoreingenommen und unbeeinflusst von innerbetrieblichen Machtstrukturen kann er an Sachprobleme herangehen.

Viele Themen verlangen nach speziellem Fachwissen!

In kleinen Betrieben, wie es Gaststätten und Hotels in der Regel sind, bringt ein guter Berater obendrein Fachkenntnisse mit, die vielleicht nicht zum Kernwissen des eigenen Berufes zählen. Wenn es um die Finanzierung eines Investitionsvorhabens geht, um die Entwicklung eines neuen Betriebskonzeptes, um den Einstieg ins Controlling oder meinetwegen um die Einführung von Total Quality Management, um nur einige Themen zu nennen, ist Unterstützung von außen unerlässlich.

Natürlich kostet Beratung Geld, und die Stunden- oder Tagessätze von Beratern sind sicher höher als bei anderen Dienstleistungen für Gastronomie und Hotellerie. Aber das ist kein Wunder, schließlich erwarten Sie ja auch Nutzen und Gewinn aus einer solchen Leistung - und zwar möglichst schnell. Ich weiß aus eigener Erfahrung, dass bei keiner anderen Investition der Kunde eine so schnelle Amortisation erwartet wie bei einer Beratung.

Die Kosten sind erklecklich - und die Erwartungshaltung ist entsprechend hoch!

Schwierig wird es, wenn die Kosten dem Einsehen, eine Beratungsleistung zu benötigen, entgegenstehen, oder gar, wenn das Geld, das benötigt wird, um Beratung in Anspruch nehmen zu können, mehr oder weniger fehlt.

Aus diesem Grund werden Beratungen seit vielen Jahren vom Staat gefördert. In jüngerer Vergangenheit sind diese Fördermöglichkeiten sogar noch ausgeweitet worden. Derlei Förderungen gibt es unterschiedlichen Ebenen. Es gibt unter anderem ein Programm des Bundes, das unter bestimmten Voraussetzungen die Beratungskosten zu 50 % und in den neuen Bundesländern sogar zu 75 % erstattet.

Für Beratungen gibt es hohe Zuschüsse vom Staat!

Damit will der Staat es Betrieben erleichtern, Hilfe und Unterstützung anzunehmen. Er würde das nicht tun, wenn er nicht von der Notwendigkeit solcher Maßnahmen überzeugt wäre.

Am Ende dieses Buches möchte ich Sie auffordern, mit mir Kontakt aufzunehmen, sei es, dass Sie Fragen zu diesem Buch haben oder ein Problem in Ihrem Betrieb. Ich freue mich auf Sie!

Rufen Sie mich an!

Email: post@helmut-kammerer.de
Tel. 06421/14368
Schicken Sie mir eine Mail, oder rufen Sie mich einfach an!

AUFWAND:
ZEIT

NUTZEN
MEHR LEBENSFREUDE,
FRISCHE KRAFT

UMSETZBARKEIT:
AM BESTEN JEDEN TAG EIN BISSCHEN

## Zu guter Letzt – das Leben

99 Tipps stehen vor diesem letzten. Der Verlag nennt Sie im Titel „genial“, und es würde mich freuen, wenn Sie den einen oder anderen tatsächlich so empfunden haben.

In 99 Tipps habe ich versucht, Ihnen Hinweise, Ratschläge, Ideen und Anregungen zu geben, die dazu beitragen sollen, dass Ihre Arbeitseffizienz steigt, dass Sie Ihr Unternehmen sicherer steuern können, dass Sie sich eine stärkere Position am Markt erkämpfen können, dass Ihre Erträge steigen, dass Sie also alles in allem in Zukunft mehr Erfolg haben werden.

Meinen letzten Tipp aber widme ich nicht Ihrer Arbeit. Ich möchte Sie stattdessen daran erinnern, dass Sie bei aller Hingabe an Ihren Betrieb oder Ihre Arbeitsstelle Ihr Privatleben nicht vergessen dürfen.

Der Betrieb ist nicht alles!

Nehmen Sie sich Zeit für Ihre Familie, für Ihre Partnerschaft, die nicht nur in der gemeinsamen Arbeit stattfinden darf, vor allem für Ihre Kinder, denen man nichts Kostbareres schenken kann als Zeit und Aufmerksamkeit.

Vergessen Sie auch Ihre Freunde und Bekannten nicht. Auf Dauer kann Freundschaft nicht nur daraus bestehen, ab und an ein Bier auszugeben. Und pflegen Sie ein Hobby, wenigstens von Zeit zu Zeit.

Tanken Sie frische Kräfte!

Niemand kann immer nur Kraft abgeben, ohne frische Kraft zu tanken. Zeit für Familie, Freunde und Hobbys aufzuwenden, ist keine Verschwendung, sondern viel mehr eine Investition. Denn diese Zeit gibt Ihnen Erholung, neuen Mut und frischen Schwung.

Bewahren Sie sich ein Stück normales Leben!

## Das gehe ich jetzt an

All die im Buch beschriebenen Anregungen und Ideen nutzen Ihnen nur etwas, wenn Sie sie auch umsetzen. Kopieren Sie diese Seite, tragen Sie Ihre Ziele und Vorgehensweise ein und setzten Sie sich einen Termin. Gehen Sie es an. Jetzt.

Helmut Kammerer, in Oberbayern geboren und aufgewachsen, arbeitet seit fast 20 Jahren als Berater und Trainer. Mitte der 90er-Jahre verlegte er den Schwerpunkt seiner Tätigkeit auf die Betreuung von Unternehmern im Gastgewerbe. Darüber hinaus hat sich der gelernte Bankkaufmann als erfahrener Krisenmanager einen Namen gemacht.

Seine ebenfalls im Matthaes Verlag erschienenen Bücher „Optimierung und Existenzsicherung im Gastgewerbe“ sowie „Partyservice und Catering“ sind exzellente praxisorientierte Ratgeber, die sich großer Beliebtheit erfreuen.

Die Leser der Allgemeinen Hotel- und Gastronomiezeitung (AHGZ) kennen Helmut Kammerer seit vielen Jahren aus seinen zahlreichen Kolumnen. Doch auch in vielen anderen Veröffentlichungen sowie in verschiedenen Rundfunk- und Fernsehsendungen (u.a. mehrfach in der ZDF-Sendung WISO) bringt er sein fundiertes Fachwissen ein.

Neben Vorträgen und Seminaren gilt sein Hauptaugenmerk der individuellen Beratung. Vom hessischen Marburg aus, wo er seit knapp 15 Jahren lebt, betreut Helmut Kammerer Unternehmen im gesamten deutschsprachigen Raum.